AF338363

PERTHARITE

ROY

DES

LOMBARDS,

TRAGEDIE.

A ROVEN,
Chez LAVRENS MAVRRY, prés le Palais.

AVEC PRIVILEGE DV ROY.
M. DC. LIII.

Et se vend A PARIS,
Chez GVILLAVME DE LVYNES, au Palais, sous la montée de la Cour des Aydes.

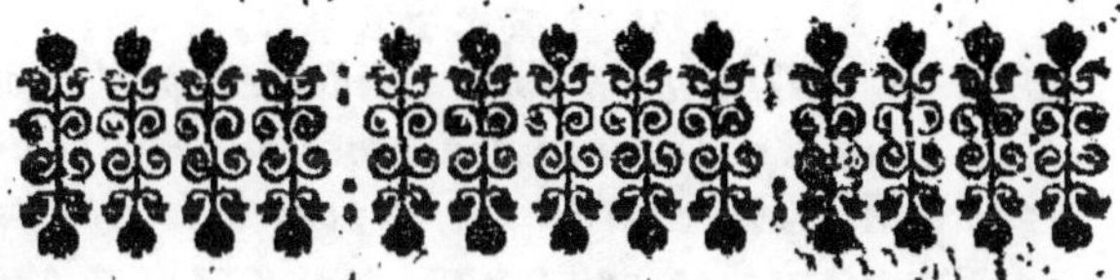

AV LECTEVR.

L'A mauuaise reception que le Public a
faite à cet Ouurage m'aduertit qu'il est
temps que ie sonne la retraite, & que des
preceptes de mon Horace ie ne songe plus
à pratiquer que celuy-cy :

Solue senescentem maturè sanus equum, ne
Peccet ad extremum ridendus & ilia ducat.

Il vaut mieux que ie prenne congé de moy-mesme
que d'attendre qu'on me le donne tout à fait, & il
est iuste qu'apres vingt années de trauail ie commence à m'appercevoir que ie deuiens trop vieux
pour estre encor à la mode. I'en remporte cette sa-
tisfaction, que ie laisse le Theatre François en meilleur estat que ie ne l'ay trouué & du costé de l'Art,
& du costé des mœurs. Les grands Genies qui luy
ont presté leurs veilles de mon temps y ont beaucoup contribué, & ie me flatte iusqu'à penser que
mes soins n'y ont pas nüy : Il en viendra de plus
heureux apres nous qui le mettront à sa perfection,
& acheueront de l'épurer. Ie le souhaite de tout
mon cœur ; cependant agréez que ie ioigne ce malheureux Poëme aux vingt & vn qui l'ont precedé
auec plus d'éclat. Ce sera la derniere importunité
que ie vous feray de cette Nature : non que i'en

ã ij

face vne resolution si forte qu'elle ne se puisse rompre, mais il y a grande apparence que i'en demeu-
reray là. Ie ne vous diray rien pour la iustification
de Pertharite, ce n'est pas ma coustume de m'opposer au iugement du Public, mais vous ne serez pas
faché que ie vous face voir à mon ordinaire les
Originaux dont i'ay tiré cet éuenement, afin que
vous puissiez separer le faux d'auec le vray, & les
embellissemens de nos feintes d'auec la pureté de
l'Histoire. Celuy qui l'a escrite le premier a esté
Paul Diacre, à la fin de son quatriéme liure, & au
commencement du cinquiéme des Gestes des Lombards; & pour n'y mesler rien du mien, ie vous en
donne la traduction fidelle qu'en a faite Antoine
du Verdier dans ses diuerses leçons. I'y adiouste vn
mot d'Erycus Puteanus, pour quelques circonstan-
ces en quoy ils different, & ie le laisse en Latin,
de peur de corrompre la beauté de son langage par
la foiblesse de mes expressions. Flauius Blondus
dans son Histoire de la decadence de l'Empire Ro-
main parle encor de Pertharite; mais comme il le
fait chasser de son Royaume estant encor enfant,
sans nommer Rodelinde qu'à la fin de sa vie, ie
n'ay pas creu qu'il fust à propos de vous produire
vn témoin qui ne dit rien de ce que ie traite.

PErtharite fut fils d'Aripert Roy des Lombards,
lequel apres la mort du pere regna à Milan, &
Gondebert son frere à Pauie : & estant suruenuë
quelque noise & querelle entre les deux freres, Gondebert enuoya Garibalde Duc de Thurin par deuers
Grimoald Comte de Beneuent capitaine genereux, le
priant de le vouloir secourir contre Pertharite, auec
promesses de luy donner vne sienne sœur en mariage,
Mais Garibalde vsant de trahisõ enuers son seigneur,
persuada à Grimoald d'y venir pour occuper le
Royaume, qui par la discorde des freres estoit en fort
mauuais estat & prochain de sa ruïne : Ce qu'entendant Grimoald se dépoüilla de sa Comté de Beneuent
de laquelle il fit Comté son fils, & auec le plus de
forces qu'il pût assembler, se mit en chemin pour
aller à Pauie : & par toutes les citez où il passa s'a-
quit plusieurs amis pour s'en aider à prendre le
Royaume. Estant arriué à Pauie, & parlé qu'il eut à
Gondebert, il le tua par l'intelligence & moyen de
Garibalde, & occupa le Royaume. Pertharite entendant ces nouuelles abandonna Rodelinde sa femme &
vn sien petit fils lesquels Grimoald confina à Beneuent, & s'enfuit & retira vers Cacan Roy des Aua-
riens ou Huns. Grimoald ayant confirmé & estably
son Royaume à Pauie, entendant que Pertharite s'e-
stoit sauué vers Cacan, luy enuoya Ambassadeurs
pour luy faire entendre que s'il gardoit Pertharite en
son Royaume, il ne joüiroit plus de la paix qu'il auoit
euë auec les Lombards, & qu'il auroit vn Roy pour
ennemy, Suiuant laquelle Ambassade le Roy des A-
uariens appella en secret Pertharite luy disant qu'il
allast la part où il voudroit, afin que par luy les Aua-

riens 'ne tombaſſent en l'inimitié des Lombards. Ce
qu'ayant entendu Pertharite, s'en retournant en Italie, vint troüuer Grimoald ſoy fiant en ſa clemence, &
comme il fut près de la ville de Lodi, il ennoya deuant vn ſien Gentil homme nommé Vnulphe, auquel
il ſe fioit grandement, pour aduertir Grimoald de ſa
venuë. Vnulphe ſe preſentant au noüueau Roy, luy
donna aduis comme Pertharite auoit recours à ſa
bonté, à laquelle il ſe venoit librement ſoumettre, s'il
luy plaiſoit l'accepter:Quoy entendant Grimoald, luy
promit & iura de ne faire aucun déplaiſir à ſon maiſtre, lequel pouuoit venir ſeurement quand il voudroit
ſur ſa foy. Vnulphe ayant rapporté telle reſponce à
ſon Seigneur Pertharite, iceluy vint ſe preſenter deuant Grimoald & ſe proſterner à ſes pieds, lequel le
receut gracieuſement & le baiſa. Quoy fait, Pertharite luy dit, ie vous ſuis ſeruiteur, & ſçachant que
vous eſtes tres-Chreſtien & amy de pieté, bien que
ie peuſſe vIure entre les Payens, neantmoins me con-
fiant en voſtre douceur & debonnaireté, me ſuis venu
rendre à vos pieds. Lors Grimoald vſant de ſes ſer-
mens accouſtumez luy promit diſant, par celuy qui
m'a fait naiſtre, puis que vous auez recours à ma foy,
vous ne ſouffrirez mal aucun en choſe qui ſoit, &
donneray ordre que vous pourrez honneſtement viure. Ce dit, luy ayant fait donner vn bon logis, commanda qu'il fuſt entretenu ſelon ſa qualité, & que
toutes choſes à luy neceſſaires luy fuſſent abondam-
ment baillées. Or comme Pertharite eut prins congé
du Roy & ſe fut retiré en ſon logis, aduint que ſou-
dain les Citoyens de Pauie à grandes trouppes ac-
coururent pour le voir & ſaluer comme l'ayans auparauant cognu & honoré. Mais voicy de combien peut
nuire vne mauuaiſe langue. Quelques flateurs & ma-
lins ayans pris garde aux careſſes faites par le peuple
à Pertharite, vindrent troüuer Grimoald, & luy firent
entendre que ſi bien-toſt il ne faiſoit tuer Pertharite,
il eſtoit en branſle de perdre le Royaume & la vie, luy

asseurans qu'à ceste fin tous ceux de la ville luy fai-
soyent la cour. Grimoald, homme facile à croire &
bien souuent trop de leger, s'estonna aucunement, &
atteint de défiance, ayant mis en oubly sa promesse,
s'enflamma subitement de colere, & dessors iura la
mort de l'innocent Pertharite, commençant à prendre
aduis en soy par quel moyen & en quelle sorte il luy
pourroit le lendemain oster la vie, pource que lors
estoit trop tard, & à ce soir luy enuoya diuerses sortes de viandes & vins des plus friands en grande abon-
dance pour le faire enyurer, afin que par trop boire
& manger, & estant enseuely en vin & à dormir, il ne
pûst penser aucunement à son salut. Mais vn Gentil-
homme qui auoit jadis esté seruiteur du pere de Pertharite, qui luy portoit de la viande de la part du
Roy, baissant la teste sous la table comme s'il luy eust
voulu faire la reuerence, & embrasser le genoüil, luy
fit sçauoir secrettement que Grimoald auoit deliberé
de le faire mourir. Dont Pertharite commanda à l'in-
stant à son échanson qu'il ne luy versast autre breuua-
ge durant le repas, qu'vn peu d'eau dans sa coupe d'ar-
gent. Tellement qu'estant Pertharite inuité par les
Courtisans qui luy presentoient les viandes de diuerses sortes, de faire brindes & ne laisser rien dans sa
coupe pour l'amour du Roy, luy pour l'honneur & reuerence de Grimoald promettoit de la vuider du tout,
& toutesfois ce n'estoit qu'eau qu'il beuuoit. Les Gen-
tilshommes & seruiteurs rapporterent à Grimoald
comme Pertharite haussoit le gobelet, & beuuoit à sa
bonne grace démesurément. Dequoy se resiouyssant
Grimoald, dit en riant, cet yurongne boiue son saoul
seulement, car demain il rendra le vin meslé auec son
sang. Le soir mesme il enuoya ses gardes entourner la
maison de Pertharite, afin qu'il ne s'en pûst fuyr. Lequel apres qu'il eut souppé, & que tous furent sortis
de la chambre, luy demeuré seul auec Vnulphe & le
page qui auoit accoustumé le vestir, lesquels estoiét les
deux plus fideles seruiteurs qu'il eust, leur découurit

comme Grimoald auoit entrepris de le faire mourir :
pour à quoy obuier, Vnulfe luy chargea sur les épau-
les les couuertes d'vn lict, vne coutre & vne peau
d'Ours qui luy couuroit le dos & le visage. Et comme
si c'eust esté quelque rustique ou faquin, commença de
grande affection à le chasser à grands coups de baston
hors de la chambre, & à luy faire plusieurs outrages
& vilenies, tellement que chassé & ainsi battu il se
laissoit choir souuent en terre. Ce que voyant les gardes de Grimoald qui estoyent en sentinelle à l'entour
de la maison, demanderent à Vnulphe que c'estoit :
c'est, respondit-il, vn maraud de valet que i'ay, qui
outre mon commandement m'auoit dressé mon lit en
la chambre de cet yurongne Pertharite, lequel est
tellement remply de vin qu'il dort comme mort, &
partant ie le frappe. Eux entendans ces paroles, les
croyant veritables se resiouïrent tous, & pensans que
Pertharite fut vn valet, luy firent place & à Vnulphe,
& les laisserent aller. La mesme nuict Pertharite arriua en la ville d'Ast, & de là passa les monts, & vint
en France. Or comme il fut sorty, & Vnulphe apres,
le fidele page auoit diligemment fermé la porte apres
luy, & demeura seul dedans la chambre, là où le
lendemain les messagers du Roy vindrent pour mener
Pertharite au Palais, & ayans frapé à l'huis, le page
prioit d'attendre, disant, Pour Dieu, ayez pitié de
luy, & laissez-le acheuer de dormir : car estant encores lassé du chemin il dort de profond sommeil. Ce
que luy ayans accordé, le rapporterent à Grimoald,
lequel dit que tant mieux, & commanda que quoy
que ce fust on y retournast, & qu'ils l'amenassent.
Auquel commandement les soldats reuindrent heur-
ter de plus fort à l'huis de la chambre, & le page les
pria de permettre qu'il reposast encores vn peu : mais
ils crioyent & tempestoyent de tant plus, disans, n'aura meshuy dormi assez cet yurongne ? & en vn mesme
temps rompirent à coups de pied la porte, & entrez
dedans chercherent Pertharite dans le lict, mais ne le

trouuans point, demanderent au page où il estoit ; lequel leur dit qu'il s'en estoit fui. Lors ils prindrent le page par les cheueux & le menerent en grande furie au Palais ; & comme ils furent deuant le Roy, dirent que Pertharite auoit fait vie, à quoy le page auoit tenu la main, dont il meritoit la mort. Grimoald demāda par ordre par quel moyen Pertharite s'estoit sauué, & le page luy conta le fait de la sorte qu'il estoit aduenu. Grimoald cognoissant la fidelité de ce ieune homme, voulut qu'il fut vn de ses pages, l'exhortant à luy garder celle foy qu'il auoit à Pertharite, luy promettant en outre de luy faire beaucoup de bien. Il fit venir en apres Vnulphe deuant luy, auquel il pardonna de mesme, luy recommandant sa foy & sa prudence. Quelques iours apres il luy demanda s'il ne vouloit pas estre bien-tost auec Pertharite, à quoy Vnulphe auec serment respondit, que plustost il auroit voulu mourir auec Pertharite, que viure en tout autre lieu en tout plaisir & delices. Le Roy fit pareille demande au page, à sçauoir mon s'il trouuoit meilleur de demeurer auec soy au Palais, que de viure auec Pertharite en exil : mais le page luy ayant respondu comme Vnulphe auoit fait, le Roy prenant en bonne part leurs paroles, & loüant la foy de tous deux, commanda à Vnulphe demander tout ce qu'il voudroit de sa maison, & qu'il s'en allast en toute seureté trouuer Pertharite. Il licentia & donna congé de mesme au page, lequel auec Vnulphe portans auec eux par la courtoisie & liberalité du Roy ce qui leur estoit de besoin pour leur voyage, s'en allerent en France trouuer leur desiré Seigneur Pertharite.

TAm tragico nuncio obstupefactus Pertharitus, ampliúsque tyrannum, quàm
fratrem timens, fugam ad Cacanum Hunno-
rum Regem arripuit, Rodelindâ vxore, &
filio Cuniperto Mediolani relictis. Sed iam
magnâ sui parte miser, & in carissimis pigno-
ribus captus, cùm à Rege hospite rejiceretur,
ad hostem redire statuit, & cuius sæuitiam ti-
muerat, clementiam experiri. Quid votis obes-
set? non Regnum, sed incolumitas quæreba-
tur. Etenim Pertharitus, quasi pati iam fortu-
næ contumeliam posset, fratre occiso, supplex
esse sustinuit : & quia amplius putauit Gri-
moaldus, reddere vitam, quàm Regnum eri-
pere, facilis fuit. Longè tamen aliud fata or-
diebantur : vt nec securus esset, qui parcere
voluit, nec liber à discrimine, qui salutem
duntaxat pactus erat. Atque intereà Rex no-
uus destinatis nuptiis potentiam firmaturus,
desponsam sibi virginem, tori sceptríque so-
ciam assumit. Et sic in familiâ Ariperti Re-
gium permanere nomen videbatur : quippe
post filios gener diadema sumpserat. Venit igi-
tur Ticinum Pertharitus, & suæ oblitus ap-
pellationis ; Sororem Reginam salutauit. Ple-
nus mutuæ beneuolentiæ hic congressus fuit,

ac planè redire ad felicitatem profugus videbatur, nisi quòd non imperaret. Domus & familia quasi proximam nupero splendori vitam acturo datur. Quid sit ? visendi & salutandi caussâ cùm frequentes confluerent , partim Longobardi , partim Insubres ; humanitatis Regem pœnituit. Sic officia nocuêre : & quia in exemplum benignitas miserantis valuit, extincta est. A populo coli, & Regnum moliri, iuxtà habitum. Itaque vt Rex metu solueretur, secundum parricidium non exhorruit: Nuper manu, nunc imperio cruentus, morti Pertharitum destinat. Sed nihil insidiæ , nihil percussores immissi potuêre : elapsus est. Amicâ & ingeniosâ Vnulfi fraude beneficium salutis stetit, qui inclusum & obsessum vrsinâ pelle circumtegens, & tanquàm pro mancipio pellens, cubiculo ejecit. Dolum ingestâ quoque verbera vestiebant:& quia nox erat, falli satellites potuêre. Facinus quemadmodùm Regi displicuit, ita fidei exemplum laudatum est.

ACTEVRS.

PERTHARITE Roy des Lombards.

GRIMOALD Comte de Beneuent, ayant conquis le Royaume des Lombards sur Pertharite.

GARIBALDE Duc de Thurin.

VNVLPHE Seigneur Lombard.

RODELINDE femme de Pertharite.

EDVIGE sœur de Pertharite.

SOLDATS.

La Scene est à Milan.

PERTHA-

PERTHARITE
TRAGEDIE.

ACTE I.

SCENE PREMIERE.

RODELINDE, VNVLPHE,

RODELINDE.

V Y, l'honneur qu'il me rend ne fait que
    m'outrager,
Ie vous le dis encor, rien ne me peut
    changer,
Ses conquestes pour moy sont des objets
    de haine,
L'hommage qu'il m'en fait renouuelle ma peine,
Et comme son amour redouble mon tourment,
Si ie le hay vainqueur, ie le deteste amant.

A

Voila quelle ie suis, & quelle ie dois estre,
Et ce que vous direz au Comte vostre maistre.

            VNVLPHE.

Nommez-le Roy, Madame.

            RODELINDE.

                 Ah, ie ne pense pas
Que de moy Grimoald exige vn cœur si bas ;
S'il m'ayme, il doit aymer cette digne arrogance
Qui braue ma fortune & remplit ma naissance.
   Si d'vn Roy malheureux & la suite & la mort
L'asseurent dans son trône à tiltre du plus fort,
Ce n'est point à sa veüe à traiter de Monarque
Vn Prince qui ne l'est qu'à cette triste marque.
Qu'il ne se flatte point d'vn espoir deceüant,
Il est toûiours pour moy Comte de Beneüent,
Toûiours l'vsurpateur du sceptre de nos peres,
Et toûiours en vn mot l'autheur de mes miseres.

            VNVLPHE.

C'est ne cognoistre pas la source de vos maux,
Que de les imputer à ses nobles trauaux :
Laissez à sa vertu le prix qu'elle merite,
Et n'en accusez plus que vostre Pertharite,
Son ambition seule.

            RODELINDE.

              Vnulphe, oubliez-vous
Que vous parlez à moy, qu'il estoit mon espoux ?

            VNVLPHE.

Non, mais vous oubliez que bien que la naissance
Donnast à son aisné la suprême puissance,
Il osa toutefois partager auec luy
Vn sceptre dont son bras deuoit estre l'appuy,
Qu'on vit alors deux Rois en vostre Lombardie,
Pertharite à Milan, Gundebert à Pauie,
Dont ce dernier piqué par vn tel attentat
Voulut entre ses mains reünir son Estat,
Et ne pût voir long-temps en celles de son frere.

            RODELINDE.

Dites qu'il fut rebelle aux ordres de son pere.

Le Roy quui cognoiſſoit ce qu'ils valoiét tous deux
Mourant entre leurs bras fit ce partage entre eux ;
Il vit en Pertharite vne ame trop Royale
Pour ne luy pas laiſſer vne fortune égale,
Et vit en Gundebert vn cœur aſſez abjet
Pour ne meriter pas ſon frere pour ſujet.
Ce n'eſt pas attenter aux droits d'vne Couronne
Qu'en conſeruer la part qu'vn pere nous en donne,
De ſon dernier vouloir c'eſt ſe faire des loix,
Honorer ſa memoire, & defendre ſon choix.

VNVLPHE.

Puiſque vous le voulez, j'excuſe ſon courage,
Mais condamnez du moins l'autheur de ce partage,
Dont l'amour indiſcret pour des fils genereux
Les faiſant tous deux Rois, les a perdus tous deux.
Ce mauuais Politique auoit deu recognoiſtre
Qye le plus grád Eſtat ne peut ſouffrir qu'vn maiſtre,
Que les Rois n'ont qu'vn trône, & qu'vne Majeſté,
Que leurs enfans entr'eux n'ont point d'égalité,
Et qu'enfin la naiſſance a ſon ordre infaillible
Qui fait de leur couronne vn point indiuiſible.

RODELINDE.

Et toutefois le Ciel par les éuenemens
Fit voir qu'il approuuoit ſes iuſtes ſentimens,
Du jaloux Gundebert l'ambitieuſe haine
Fondant ſur Pertharite y trouua toſt ſa peine,
Vne bataille entr'eux vuidoit leur different,
Il en ſortit défait, il en ſortit mourant,
Son trepas nous laiſſoit toute la Lombardie,
Dont il nous enuioit vne foible partie,
Et i'ay verſé des pleurs qui n'auroient pas coulé
Si voſtre Grimoald ne s'en fuſt point meſlé.
Il luy promit vangeance, & ſa main plus vaillante
Rendit apres ſa mort ſa haine triomphante,
Quand nous croyions le ſceptre en la noſtre affermy,
Nous changeâmes de ſort en changeant d'ennemy,
Et le voyant regner où regnoient les deux freres,
Iugez à qui ie puis imputer nos miſeres,

VNVLPHE.

Excusez vn amour que vos yeux ont esteint?
Son cœur pour Edüige en estoit lors atteint,
Et pour gagner la sœur à ses desirs trop chere,
Il fallut épouser les passions du frere;
Il arma ses sujets, plus pour la conquerir,
Qu'à dessein de vous nuire, ou de le secourir.

Alors qu'il arriua Gundebert rendoit l'ame,
Et sçeut en ce moment abuser de sa flame.
Bien, dit-il, que je touche à la fin de mes jours,
Vous n'auez pas en vain amené du secours,
Ma mort vous va laisser ma sœur & ma querelle,
Si vous l'osez aymer, vous combatrez pour elle.
Il la proclame Reyne, & sans retardement
Les Chefs & les soldats ayant presté serment,
Il en prend d'elle vn autre, & de mon Prince mesme.
Pour monstrer à tous deux à quel point je vous ayme,
Je vous donne, dit-il, Grimoald pour espoux,
Mais à condition qu'il soit digne de vous,
Et vous ne croirez point, ma sœur, qu'il vous merite,
Qu'il n'ait vangé ma mort & détruit Pertharite,
Qu'il n'ait conquis Milan, qu'il n'y donne la loy,
A la main d'vne Reyne il faut celle d'vn Roy
Voila ce qu'il voulut, voila ce qu'ils jurerent,
Voila sur quoy tous deux contre vous s'animerent.
Non que souuent mon Prince Impatient amaht
N'ait voulu preuenir l'effet de son serment,
Mais contre son amour la Princesse obstinée
A toûjours opposé la parole donnée,
Si bien que ne voyant autre espoir de guerir,
Il a fallu sans cesse & vaincre & conquerir.

Enfin apres deux ans Milan par sa conqueste
Luy donnoit Edüige en couronnant sa teste,
Si ce mesme Milan dont elle estoit le prix
N'eust fait perdre à ses yeux ce qu'ils auoient con-
     quis.
Auec vn autre sort il prit vn cœur tout autre,
Vous fustes sa captiue, & le fistes le vostre,

Et la Princesse alors par vn bizarré effet
Pour l'auoir voulu Roy le perdit tout à fait,
Nous le vismes quitter ses premieres pensées,
N'auoir plus pour l'Hymen ces ardeurs empressées,
Euiter Edüige, à peine luy parler,
Et sous diuers pretexte à son tour reculer ;
Ce n'est pas que long-temps il n'ait tâché d'éteindre
Vn feu dont vos vertus auoient lieu de se plaindre,
Et tant que dans sa fuite a vescu vostre espoux,
N'estant plus à sa sœur, il n'osoit estre à vous :
Mais si-tost que sa mort eut rendu legitime
Cette ardeur qui n'estoit iusques là qu'vn doux cri-
    me....

SCENE II.

RODELINDE, EDVIGE, VNVLPHE.

EDVIGE.

MAdame, si j'estois d'vn naturel jaloux
Ie m'inquieterois de le voir auec vous,
Ie m'imaginerois ce qui pourroit bien estre,
Que ce fidelle agent vous parle pour son maistre :
Mais comme mon esprit n'est pas si peu discret
Qu'il vous veüille enuier la douceur du secret,
De cette opiniou j'ayme mieux me défendre,
Pour mettre en vostre choix celle que ie dois prēdre,
La regler par vostre ordre, & croire auec respect
Tout ce qu'il vous plaira d'vn entretien suspect.

RODELINDE.

Le secret n'est pas grand qu'aisément on deuine,
Et l'on peut croire alors tout ce qu'on s'imagine.

Oüy, Madame, son maistre a de fort mauuais yeux,
Et s'il m'en pouuoit croire il en vseroit mieux.

EDVIGE.

Il a beau s'éblouïr alors qu'il vous regarde,
Il vous échappera si vous n'y prenez garde,
Il luy faut obeïr tout amoureux qu'il est,
Et vouloir ce qu'il veut quand & comme il luy
　　plaist.

RODELINDE.

Auez-vous recognu par vostre experience
Qu'il faille déferer à son impatience?

EDVIGE.

Vous ne sçauez que trop ce que c'est que sa foy.

RODELINDE.

Autre est celle d'vn Comte, autre celle d'vn Roy,
Et comme vn nouueau rang forme vne ame nouuelle,
D'vn Comte déloyal il fait vn Roy fidelle.

EDVIGE.

Mais quelquefois, Madame, auec facilité
On croit des maris morts qui sont pleins de santé,
Et lors qu'on se prépare aux seconds Hymenées
On voit par leur retour des vefues estonnées.

RODELINDE.

Qu'auez-vous ven, Madame, ou que vous a-t'on dit?

EDVIGE.

Ce mot vn peu trop tost vous alarme l'esprit,
Ie ne vous parle pas de vostre Pertharite,
Mais il se pourra faire enfin qu'il ressuscite,
Qu'il rende à vos desirs leur iuste possesseur,
Et c'est dont ie vous donne aduis en bonne sœur.

RODELINDE.

N'abusez point d'vn nom que vostre orgueil rejette,
Si vous estiez ma sœur vous seriez ma sujette,
Mais vn sceptre vaut mieux que les tiltres du sang,
Et la nature cede à la splendeur du rang.

EDVIGE.

La nouuelle vous fàche, & du moins importune
L'espoir desia formé d'vne bonne fortune :

Confolez-vous , Madame , il peut n'en eftre rien,
Et foûuent on nous dit ce qu'on ne fçait pas bien.
RODELINDE.
Il fçait mal ce qu'il dit, quiconque vous fait croire
Qu'aux feux de Grimoald ie trouue quelque gloire.
Il eft vaillant, il regne, & comme il faut regner,
Mais toutes fes vertus me le font dédaigner ;
Ie hay dans fa valeur l'effort qui le couronne,
Ie hay dans fa bonté les cœurs qu'elle luy donne,
Ie hay dans fa prudence vn grand peuple charmé,
Ie hay dans fa iuftice vn tyran trop aymé,
Ie hay ce grand fecret d'affeurer fa conquefte,
D'attacher fortement ma couronne à fa tefte,
Et le hay d'autant plus que ie voy moins de iour
A détruire vn vainqueur qui regne auec amour.
EDVIGE.
Cette haine qu'en vous fa vertu mefme excite
Eft fort ingenieufe à voir tout fon merite,
Et qui nous parle ainfi d'vn obiet odieux,
En diroit bien du mal , s'il plaifoit à fes yeux.
RODELINDE.
Qui hait brutalement permet tout à fa haine,
Il s'emporte, il fe jette où fa fureur l'entraifne,
Il ne veut auoir d'yeux que pour fes faux portraits ;
Mais qui hait par deuoir ne s'aueugle iamais.
C'eft fa raifon qui hait , qui toûiours equitable
Voit en l'objet haï ce qu'il a d'eftimable,
Et verroit en l'aymé ce qu'il y faut blâmer,
Si ce mefme deuoir luy commandoit d'aymer.
EDVIGE.
Vous en fçauez beaucoup.
RODELINDE.
            Ie fçay comme il faut viure.
EDVIGE.
Vous eftes donc , Madame , vn grand exemple à
     fuiure.
RODELINDE.
Qui veut viure en repos il n'a qu'à m'imiter.

EDVIGE.

Et qui veut viure aymé n'a qu'à vous en conter.

RODELINDE.

I'ayme en vous vn soupçon qui vous sert de supplice,
S'il me fait quelque outrage, il m'en fait bien iustice,

EDVIGE.

Quoy, vous refuseriez Grimoald pour espoux?

RODELINDE.

Si ie veux l'accepter m'en empescherez-vous?
Ce qui iusqu'à present vous donne tant d'alarmes,
Si-tost qu'il me plaira, vous coûtera des larmes,
Et quelque grand pouuoir que vous preniez sur moy,
Ie n'ay qu'à dire vn mot pour vous faire la loy.
N'aspirez point, Madame, où ie voudray pretendre,
Tout son cœur est à moy si ie daigne le prendre;
Consolez-vous pourtant, il m'en fait l'offre en vain,
Ie veux bien sa couronne & ne veux point sa main.
Faites, si vous pouuez, reuiure Pertharite,
Pour l'opposer aux feux dont vostre amour s'irrite,
Produisez vn fantôme, ou semez vn faux bruit
Pour remettre en vos fers vn Prince qui vous fuit;
I'ayderay vostre feinte, & feray mon possible
Pour tromper auec vous ce Monarque inuincible,
Pour renuoyer chez vous les vœux qu'on vient
　　m'offrir,
Et n'auoir plus chez moy d'importuns à souffrir.

EDVIGE.

Qui croit dessu ce bruit vn tour de mon adresse,
De son effet sans doute auroit peu d'allegresse,
Et loin d'ayder la feinte auec sincerité,
Pourroit fermer les yeux mesme à la verité,

RODELINDE.

Apres m'auoir fait perdre espoux & Diadéme,
C'est trop que d'attenter iusqu'à ma gloire mesme,
Qu'adiouster l'infamie à de si rudes coups;
Cognoissez-moy, Madame, & desabusez-vous.
　Ie ne vous cele point qu'ayant l'ame Royale
L'amour du sceptre encor me fait vostre riuale,

Et que ie ne puis voir d'vn cœur lâche & soûmis
La sœur de mon espoux desheriter mon fils :
Mais que dans mes malheurs iamais ie me dispose
A les vouloir finir m'vnissant à leur cause,
A remonter au trône où vont tous mes desirs
En espousant l'autheur de tous mes déplaisirs !
Non non, vous présumez en vain que ie m'apreste
A faire de ma main sa derniere conqueste,
Vnulphe peut vous dire en fidelle témoin
Combien à me gagner il perd d'art & de soin.
Si malgré la parole & donnée & receuë
Il cessa d'estre à vous au moment qu'il m'eut veuë,
Aux cendres d'vn mary tous mes feux reseruez
Luy rendent les mépris que vous en receuez.

SCENE III.

GRIMOALD, RODELINDE, EDVIGE, GARIBALDE, VNVLPHE.

RODELINDE.

Approche, Grimoald, & dis à ta jalouse,
A qui du moins ta foy doit le tiltre d'espouse,
Si depuis que pour moy ie t'ay veu soûpirer
Iamais d'vn seul coup d'œil ie t'ay fait esperer :
Ou si tu veux laisser pour eternelle gêne
A cette ambitieuse vne frayeur si vaine,
Dy-moy de mon espoux le déplorable sort ;
Il vit, il vit encor, si j'en croy son rapport.
De ces derniers deuoirs les magnifiques pompes
Ne sont qu'illusions auec quoy tu me trompes,

Et çe riche tombeau que luy fait son vainqueur
N'est qu'vn appas superbe à surprendre mon cœur.
GRIMOALD.
Madame, vous sçauez ce qu'on m'est venu dire,
Qu'allant de ville en ville & d'Empire en Empire
Contre Edüige & moy mandier du secours,
Aupres du Roy des Huns il a finy ses iours :
Et si depuis sa mort i'ay tâché de vous rendre...
RODELINDE.
Qu'elle soit vraye ou non, tu n'en dois rien attendre,
Ie dois à sa memoire, à moy-mesme, à son fils,
Ce que ie dûs aux nœuds qui nous auoient vnis.
Ce n'est qu'à le vanger que tout mon cœur s'applique,
Et puisqu'il faut enfin que tout ce cœur s'explique,
Si ie puis vne fois échapper de tes mains,
I'iray porter par tout de si iustes desseins,
I'iray dessus ses pas aux deux bouts de la Terre
Chercher des ennemis à te faire la guerre :
Ou s'il me faut languir prisonniere en ces lieux
Mes vœux demanderont cette vangeance aux Cieux,
Et ne cesseront point iusqu'à ce que leur foudre
Sur mon trône vsurpé brise ta teste en poudre.

   Madame, vous voyez auec quels sentimens
Ie mets ce grand obstacle à vos contentemens ;
Adieu, si vous pouuez conseruez ma couronne,
Et regagnez vn cœur que ie vous abandonne.

SCENE IV.

GRIMOALD, EDVIGE, GARIBALDE, VNVLPHE.

GRIMOALD.

QV'auez-vous dit, Madame, & que fuppofez-vous
Pour la faire douter du fort de fon efpoux ?
Depuis quand & de qui fçauez-vous qu'il refpire ?

EDVIGE.

Ce confident fi cher pourra vous le redire.

GRIMOALD.

M'auriez-vous accufé d'auoir feint fon trépas ?

EDVIGE.

Ne vous alarmez point, elle ne m'en croit pas,
Son deftin eft plus doux vefue que mariée,
Et de le croire mort vous l'auez trop priée.

GRIMOALD.

Mais enfin ?

EDVIGE.

Mais enfin chacun fçait ce qu'il fçait,
Et quand il fera temps nous en verrons l'effet.
Efpoufe-la parjure, & fais-en vne infame.
Qui rauit vn Eftat peut rauir vne femme,
L'adultere & le rapt font du droit des tyrans.

GRIMOALD.

Vous me donniez jadis des tiltres differens.
Quand pour vous acquerir ie gagnois des batailles,
Que mon bras de Milan foudroyoit les murailles,
Que ie femois par tout la terreur & l'effroy,
I'eftois vn grand Heros, i'eftois vn digne Roy :

Mais depuis que ie regne en Prince magnanime,
Qui cherit la vertu , qui sçait punir le crime,
Que le peuple sous moy voit ses destins meilleurs,
Ie ne suis qu'vn tyran parce que j'ayme ailleurs.
Ce n'est plus la valeur, ce n'est plus la naissance
Qui donne quelque droit à la toute-puissance,
C'est vostre amour luy seul, qui fait des Conquerans,
Suiuant qu'ils sont à vous, des Rois, ou des tyrans,
Si ce tiltre odieux s'acquiert à vous déplaire,
Ie n'ay qu'à vous aymer si ie veux m'en défaire,
Et ce mesme moment , de lâche vsurpateur
Me fera vray Monarque, en vous rendant mon cœur,

EDVIGE.

Ne pretends plus au mien aprés ta perfidie ;
I'ay mis entre tes mains toute la Lombardie,
Mais ne t'aueugle point dans ton ambition.
Si tu regnes iey , ce n'est que sous mon nom,
Et le peuple bien-tost monstrera par sa haine
Qu'il n'adoroit en toy que l'amant de sa Reyne,
Qu'il ne respectoit qu'elle, & ne veut point d'vn Roy
Qui commence par elle à violer sa foy.

GRIMOALD.

Si vous estiez, Madame, au milieu de Pauie,
Dont vous fit Reyne vn frere en sortant de la vie,
Ce discours, quoy que mesme vn peu hors de saison,
Pourroit auoir du moins quelque ombre de raison;
Mais icy, dans Milan, dont i'ay fait ma conqueste!
Où ma seule valeur a couronné ma teste
Au milieu d'vn Estat où tout le peuple à moy
Ne sçauroit craindre en vous que l'amour de son Roy
La menace impuissante est de mauuaise grace,
Auec tant de foiblesse il faut la voix plus basse ;
I'y regne, & regneray malgré vostre couroux,
I'y fais à tous iustice , & commence par vous.

EDVIGE.

Par moy?

GRIMOALD.

Par vous, Madame.

EDVIGE.

EDVIGE.

Apres la foy receuë!
Apres deux ans d'amour si lâchement deceuë!

GRIMOALD.

Dites apres deux ans de haine & de mépris
Qui de toute ma flame ont esté le seul prix.

EDVIGE.

Appelles-tu mépris vne amitié sincere?

GRIMOALD.

Vne amitié fidelle à la haine d'vn frere,
Vn long orgueil armé d'vn friuole serment
Pour s'opposer sans cesse au bon-heur d'vn amant.
　　Si vous m'auiez aymé, vous n'auriez pas eu honte
D'attacher vostre sort à la valeur d'vn Comté;
Iusqu'à ce qu'il fust Roy vous plaire à le gesner
C'estoit vouloir vous vendre & non pas vous donner.
Ie me suis donc fait Roy pour plaire à vostre enuie,
I'ay conquis vostre cœur aux perils de ma vie,
Mais alors qu'il m'est deu, ie suis en liberté
De vous laisser vn bien que i'ay trop achepté;
Et vostre ambition est iustement punie
Quand j'affranchis vn Roy de vostre tyrannie.
Vn Roy doit pouuoir tout, & ie ne suis pas Roy
S'il ne m'est pas permis de disposer de moy.
C'est quitter, c'est trahir les droits du Diadéme
Que sur le haut d'vn thrône estre esclaue moy-mes-
　　me,
Et dans ce mesme thrône où vous m'auez voulu
Sur moy comme sur tous ie dois estre absolu,
C'est le prix de mon sang, souffrez que i'en dispose
Et n'accusez que vous du mal que ie vous cause.

EDVIGE.

Pour vn grand conquerant que tu te deffends mal,
Et quel estrange Roy tu fais de Grimoald!
　　Ne dy plus que ce rang veut que tu m'abandonnes,
Et que la trahison est vn droit des couronnes;
Mais si tu veux trahir, trouue du moins, ingrat,
De plus belles couleurs dans les raisons d'Estat.

Dy qu'vn vfurpateur doit amufer la hayne
Des peuples mal comptez en époufant leur Reyne,
Leur faire préfumer qu'il veut rendre à fon fils
Vn fceptre fur le pere injuftement conquis,
Qu'il ne veut gouuerner que durant fon enfance,
Qu'il ne veut qu'en depoft la fuprême puiffance,
Qu'il ne veut autre tiltre en leur donnant la loy
Que d'efpoux de la Reyne & de tuteur du Roy:
Dy que fans cet Hymen ta puiffance t'échappe,
Qu'vn vieil amour des Rois la détruit & la fappe,
Dy qu'vn tyran qui regne en païs ennemy
N'y fçauroit voir fon thrône autrement affermy:
De cette illufion l'apparence plaufible
Rendroit ta lâcheté peut-eftre moins vifible,
Et l'on pourroit donner à la neceffité
Ce qui n'eft qu'vn effet de ta legereté.

GRIMOALD.

I'embraffe vn bon aduis de quelque part qu'il viéne.
Vnulphe, allez trouuer la Reyne de la mienne,
Et tâchez par cette offre à vaincre fa rigueur,
Madame, c'eft à vous que ie deuray fon cœur,
Et pour m'en reuancher ie prendray foin moy-mefme
De faire choix pour vous d'vn mary qui vous ayme,
Qui foit digne de vous, & puiffe meriter
L'amour que malgré moy vous voulez me porter.

EDVIGE.

Traiftre, ie n'en veux point que ta mort ne me dône,
Point qui n'ait par ton fang affermy ma couronne.

GRIMOALD.

Vous pourrez à ce prix en trouuer aifement,
Remettez la Princeffe à fon apartement,
Duc, & tâchez à rompre vn deffein fur ma vie,
Qui me feroit trembler fi i'eftois à Pauie.

EDVIGE.

Crains-moy, crains-moy par tout; & Pauie, & Milan,
Tout lieu, tout bras eft propre à punir vn tyran,
Et tu n'as point de forts où viure en affeurance,
Si de ton fang verfé ie fuis la recompenfe.

GRIMOALD.
Dissimulez du moins ce violent couroux,
Ie deuiendrois tyran, mais ce seroit pour vous.
EDVIGE.
Va, ie n'ay point le cœur assez lâche pour feindre.
GRIMOALD.
Allez donc, & craignez, si vous me faites craindre.

Fin du premier Acte.

ACTE II.

SCENE PREMIERE.

EDVIGE, GARIBALDE.

EDVIGE.

IE n'en fais point secret apres tant de
    mépris,
    Ie l'ay dit à ce traistre, & ie vous le redis,
    Ie ne suis plus à moy, ie suis à qui me
    vange,
Et ma conqueste est libre au bras le plus estrange:
Suiuez le monuement d'vn si iuste couroux,
Et sans perdre de vœux obtenez-moy de vous.
Pour gaigner mon amour il faut seruir ma haine,
A ce prix est le sceptre, à ce prix vne Reyne,
Et Grimoald puny rendra digne de moy
Quiconque ose m'aymer ou se veut faire Roy.

GARIBALDE.

Mettre à ce prix vos feux & vostre Diadéme,
C'est ne cognoistre pas vostre haine & vous mesme,
Et qui sous cet espoir voudroit vous obeïr
Chercheroit les moyens de se faire haïr.
Grimoald inconstant n'a plus pour vous de charmes,
Mais Grimoald puny vous cousteroit des larmes.
A cet objet sanglant l'effort de la pitié

Reprendroit tous les droits d'vne vieille amitié,
Et son crime en son sang éteint auec sa vie
Passeroit en celuy qui vous auroit seruie.
Quels que soient ses mépris, peignez-vous bien sa
   mort,
Madame, & vostre cœur n'en sera pas d'accord.
Quoy qu'vn amant volage excite de colere,
Son change est odieux, mais sa personne est chere,
Et ce qu'a joint l'amour a beau se desvnir,
Pour le rejoindre mieux il ne faut qu'vn soûpir.
Ainsi n'esperez pas que iamais on s'asseure
Sur les boüillans transports qu'arrache son parjure,
Si le ressentiment de sa legereté
Aspire à la vengeance auec sincerité,
En quelques dignes mains qu'il veüille la remettre,
Il vous faut vous donner, & non pas vous promettre,
Attacher vostre sort auec le nom d'époux
A la valeur du bras qui s'armera pour vous,
Tant qu'on verra ce prix en quelque incertitude,
L'oseroit-on punir de son ingratitude?
Vostre haine tremblante est vn mauuais appuy
A quiconque pour vous entreprendroit sur luy,
Et cet espoir douteux qu'offre vostre conqueste
A vos feux rallumez exposeroit sa teste,
Donnez-vous donc, Madame, & faites qu'vn vangeur
N'ait plus à redouter le desadueu du cœur.

EDVIGE.

Que vous m'estes cruel en faueur d'vn infame,
De vouloir malgré moy lire au fonds de mon ame,
Où mon amour trahy que j'esteins à regret
Luy fait contre ma haine vn partisan secret!
Quelques justes Arrests que ma bouche prononce,
Ce sont de vains efforts où tout mon cœur renonce,
Ce lâche en ses perils s'obstine à s'engager,
Et veut mourir du coup qui m'en pourroit vanger.
Vangez-moy toutefois, mais d'vne autre maniere,
Pour conseruer mes iours laissez-luy la lumiere,
Quelque mort que ie doiue à son manque de foy,

B iij

Oſtez-luy Rodelinde, & c'eſt aſſez pour moy;
Faites qu'elle ayme vn autre, & qu'vn riual me vange,
Qu'il tombe au deſeſpoir que me donne ſon change.
Faites plus, s'il eſt vray que ie puis tout ſur vous,
Ramenez cet ingrat tremblant à mes genoux,
Le repentir au cœur, les pleurs ſur le viſage,
De tant de lâchetez me faire vn plein hommage,
Implorer le pardon qu'il ne merite pas,
Et remettre en mes mains ſa vie & ſon trépas.

       GARIBALDE.

Adjouſtez-y, Madame, encor qu'à vos yeux meſme
Cette odieuſe main perce vn cœur qui vous ayme,
Et que l'amant fidelle au volage immolé,
Expie au lieu de luy ce qu'il a violé:
L'ordre en ſera moins rude, & moindre le ſupplice
Que celuy qu'à mes feux preſcrit voſtre injuſtice,
Et le trépas en ſoy n'a rien de rigoureux
A l'égal de vous rendre vn riual plus heureux

       EDVIGE.

Duc, vous vous alarmez faute de me cognoiſtre,
Mon cœur n'eſt pas ſi bas qu'il puiſſe aymer vn trai-
   ſtre.
Ie veux qu'il ſe repente, & ſe repente en vain,
Rendre haine pour haine, & dédain pour dédain:
Ie veux qu'en vain ſon ame eſclaue de la mienne
Me demande ſa grace, & iamais ne l'obtienne,
Qu'il ſoûpire ſans fruit, & pour le punir mieux,
Ie veux meſme à mon tour vous aymer à ſes yeux.

       GARIBALDE.

Le pourrez-vous, Madame, & ſçauez-vous vos for-
   ces?
Sçauez-vous de l'amour qu'elles ſont les amorces?
Sçauez-vous ce qu'il peut, & qu'vn viſage aymé
Eſt toûjours trop aymable à ce qu'il a charmé?
Si vous ne m'abuſez, voſtre cœur vous abuſe,
L'inconſtance iamais n'a de mauuaiſe excuſe,
Et comme l'amour ſeul fait le reſſentiment,
Le moindre repentir obtient grace à l'amant.

EDVIGE.

Quoy qu'il puisse arriuer, donnez-vous cette gloire
D'auoir sur cet ingrat restably ma victoire,
Sans songer qu'à me plaire executez mes loix,
Et pour l'éuenement laissez tout à mon choix,
Souffrez qu'en liberté ie l'ayme, ou le neglige:
L'amant est trop payé quand son seruice oblige,
Et quiconque en aymant aspire à d'autres prix
N'a qu'vn amour seruile & digne de mépris.
Le veritable amour iamais n'est mercenaire,
Il n'est iamais souïllé de l'espoir du salaire,
Il ne veut que seruir, & n'a point d'interest,
Qu'il n'immole à celuy de l'obiet qui luy plaist.
Voyez donc, Grimoald, tâchez à le reduire,
Faites-moy triompher au hazard de vous nuire,
Et si ie prens pour luy des sentimèns plus doux,
Vous m'aurez faite heureuse, & c'est assez pour vous.
Ie verray par l'effort de vostre obeïssance
Où doit aller celuy de ma reconnoissance;
Cependant s'il est vray que i'ay pû vous charmer,
Aymez-moy plus que vous, ou cessez de m'aymer.
C'est par là seulement qu'on merite Edüige,
Ie veux bien qu'on espere, & non pas qu'on exige,
Ie ne veux rien deuoir, mais lors qu'on me sert bien,
On peut attendre tout de qui ne promet rien.

SCENE II.
GARIBALDE.

QVelle confusion, & quelle tyrannie
M'ordonne d'esperer ce qu'elle me denie,
Et de quelle façon est-ce écouter des vœux
Qu'obliger vn amant à trauailler contre eux!
Simple, ne pretends pas sur cet espoir friuole
Que ie tâche à te rendre vn cœur que ie te vole,
Ie t'ayme, mais enfin ie m'ayme plus que toy:
C'est moy seul qui le porte à ce manque de foy,
Auprés d'vn autre objet c'est moy seul qui l'engage,
Ie ne détruiray pas moy-mesme mon ouurage,
Il m'a choisi pour toy, de peur qu'vn autre espoux
Auec trop de chaleur n'embrasse ton couroux,
Mais luy-mesme il se trôpe en l'amant qu'il te donne:
Ie t'ayme, & puissamment, mais moins que la cou-
    ronne,
Et mon ambition qui tâche à te gaigner
Ne cherche en ton Hymen que le droit de regner,
De tes ressentiments s'il faut que ie l'obtienne,
Ie sçauray joindre encor cent haines à la tienne,
L'eriger en tyran par mes propres conseils,
De sa perte par luy dresser les appareils,
Mesler si bien l'adresse auec vn peu d'audace
Qu'il ne faille qu'oser pour me mettre en sa place,
Et comme en t'épousant i'en auray droit de toy,
Ie t'épouseray lors, mais pour me faire Roy.
Mais voicy Grimoald.

SCENE III.

GRIMOALD, GARIBALDE.

GRIMOALD.

Et bien, quelle esperance,
Duc, & qu'obtiendrons-nous de ta perseuerance?

GARIBALDE.

Ne me commandez plus, Seigneur, de l'adorer,
Ou ne luy laissez plus aucun lieu d'esperer.

GRIMOALD.

Quoy! de tout mon pouuoir ie l'auois irritée
Pour faire que ta flame en fust mieux écoutée,
Qu'vn dépit redoublé la pressant contre moy
La rendist plus facile à receuoir ta foy,
Et fist tomber ainsi par ses ardeurs nouuelles
Le dépost de sa haine entre des mains fidelles!
Cependant son espoir à mon trône attaché,
Par aucun de nos soins n'en peut estre arraché!
Mais as-tu bien promis ma teste à sa vangeance?
Ne l'as-tu point offerte auecque négligence,
Auec quelque froideur qui l'ait fait soupçonner
Que tu la promettois sans la vouloir donner?

GARIBALDE.

Ie n'ay rien oublié de ce qui peut seduire
Vn vray ressentiment qui voudroit vous détruire;
Mais son feu mal esteint ne se peut déguiser,
Son plus ardent couroux brûle de s'appaiser,
Et ie n'obtiendray point, Seigneur, qu'elle m'écoute
Iusqu'à ce qu'elle ait veu vostre Hymen hors de
doute,

Et que de Rodelinde estant l'illustre espoux
Vous chassiez de son cœur tout espoir d'estre à vous,
GRIMOALD.
Helas ! ie mets en vain toute chose en vsage,
Ny prieres ny vœux n'ébranslent son courage,
Malgré tous mes respects ie voy de iour en iour
Croistre sa resistance autant que mon amour,
Et si l'offre d'Ynulphe à present ne la touche,
Si l'interest d'vn fils ne la rend moins farouche,
Desormais ie renonce à l'espoir d'amollir
Vn cœur que tant d'efforts ne font qu'enorgueillir.
GARIBALDE.
Non, non, Seigneur, il faut que cet orgueil vous cede,
Mais vn mal violent veut vn pareil remede:
Monstrez-vous tout ensemble amant & Souuerain,
Et sçachez commander, si vous priez en vain.
Que sert ce grand pouuoir qui suit le Diademe,
Si l'amant couronné n'en vse pour soy-mesme?
Vn Roy n'est pas moins Roy pour se laisser char-
mer,
Et doit faire obeïr qui ne veut pas aymer.
GRIMOALD.
Porte, porte aux tyrans tes damnables maximes,
Ie hay l'art de regner qui se permet des crimes,
De quel front donnerois-je vn exemple aujourd'huy
Que mes loix dés demain puniroient en autruy?
Le pouuoir absolu n'a rien de redoutable
Dont à sa conscience vn Roy ne soit comptable,
L'amour l'excuse mal s'il regne injustement,
Et l'amant couronné doit n'agir qu'en amant.
GARIBALDE.
Si vous n'osez forcer, du moins faites vous craindre,
Daignez pour estre heureux vn moment vous con-
traindre,
Et si l'offre d'Ynulphe en reçoit des mépris,
Menacez-la, Seigneur, de la mort de son fils.
GRIMOALD.
Que par ces lâchetez j'ose me satisfaire!

GARIBALDE.

Si vous n'osez parler, du moins laissez-nous faire;
Nous sçaurons vous seruir, Seigneur, & malgré vous.
Prestez-nous seulement vn moment de couroux,
Et perméttez apres qu'on l'explique, & qu'on feigne
Ce que vous n'osez dire, & qu'il faut qu'elle craigne.
Vous desaduoüerez tout. Apres de tels projets
Les Rois impuncment dédisent leurs sujets.

GRIMOALD.

Sçachons qu'a fait Vnulphe auant que de resoudre
Si ie dois en tes mains laisser gronder cè foudre.

SCENE IV.

GRIMOALD, GARIBALDE, VNVLPHE.

GRIMOALD.

ET bien que faut-il faire? est-il temps de mourir,
Ou si tu vois pour moy quelque espoir de guerir?

VNVLPHE.

Rodelinde, Seigneur, enfin plus raisonnable
Semble auoir dépoüillé cet orgueil indomptable,
Elle a receu vostre offre auec tant de douceur...

GRIMOALD.

Mais l'a-t'elle acceptée ? as-tu touché son cœur?
A-t'elle monstré joye ? en paroit-elle émeuë?
Peut-elle s'abaisser iusqu'à souffrir ma veuë?
Qu'a-t'elle dit enfin ?

VNVLPHE.

Beaucoup sans dire rien.
Elle a paisiblement souffert mon entretien,
Son ame à mes discours surprise, mais tranquille...

GRIMOALD.

Ah, c'eſt m'aſſaſſiner d'vn diſcours inutile,
Ie ne veux rien ſçauoir de ſa tranquillité,
Dy ſeulement vn mot de ſa facilité,
Quand veut-elle à ſon fils donner mon Diadême?

VNVLPHE.

Elle en veut apporter la reponſe elle-meſme.

GRIMOALD.

Quoy, tu n'as ſceu pour moy plus auant l'engager?

VNVLPHE.

Seigneur, c'eſt aſſez dire à qui veut bien iuger.
Vous n'en ſçauriez auoir vne preuue plus claire,
Qui demande à vous voir ne veut pas vous déplaire,
Ses refus ſe ſeroient expliquez auec moy,
Sans chercher la preſence & le couroux d'vn Roy.

GRIMOALD.

Mais touchant cet eſpoux qu'Edüige r'anime...

VNVLPHE.

De ce diſcours en l'air elle fait peu d'eſtime,
L'artifice eſt ſi lourd qu'il ne peut l'émouuoir,
Et d'vne main ſuſpecte il n'a point de pouuoir.

GARIBALDE.

Edüige elle-meſme eſt mal perſuadée
D'vn retour dont elle ayme à vous donner l'Idée,
Et ce n'eſt qu'vn faux iour qu'elle a voulu jetter
Pour luy troubler la veuë, & vous inquieter,
Mais deſia Rodelinde apporte ſa reſponſe.

GRIMOALD.

Ah! j'entends mon Arreſt ſans qu'on me le prononce,
Ie vay mourir, Vnulphe, & ton zele pour moy
T'abuſe le premier & m'abuſe apres toy.

VNVLPHE.

Eſperez mieux, Seigneur.

GRIMOALD.

   Tu le veux, & j'eſpere,
Mais que cette douceur va deuenir amere,
Et que ce peu d'eſpoir où tu me viens forcer
Rendra rudes les coups dont on me va percer.

SCENE

SCENE V.

GRIMOALD, RODELINDE, GARIBALDE, VNVLPHE.

GRIMOALD.

Madame, est-il donc vray que vostre ame sensible
A la compassion s'est renduë accessible,
Qu'elle fait succeder dans ce cœur plus humain
La douceur à la haine, & l'estime au dédain,
Et que laissant agir vne bonté cachée
A de si longs mépris elle s'est attachée ?

RODELINDE.

Ce cœur dont tu te plains, de ta plainte est surpris,
Comte, ie n'eus pour toy iamais aucun mépris,
Et ma haine elle mesme auroit creu faire vn crime
De t'auoir dérobbé ce qu'on te doit d'estime.
Quand ie voy ta conduite en mes propres Estats
Acheuer sur les cœurs l'ouurage de ton bras,
Auec ces mesmes cœurs qu'vn si grand art te donne
Ie dis que la vertu regne dans ta personne,
Auec eux ie te louë, & ie doute auec eux
Si sous leur vray Monarque ils seroient plus heureux,
Tant ces hautes vertus qui fondent ta puissance
Reparent ce qui manque à l'heur de ta naissance.
Mais quoy qu'on en ait veu d'admirable & de grand,
Ce que m'en dit Vnulphe aujourd'huy me surprend.
  Vn vainqueur dans le trône, vn conquerant qu'on
      ayme,
Faisant justice à tous se la fait à soy-mesme !

C

Se croit vsurpateur sur ce trône conquis,
Et ce qu'il oste au pere, il le veut rendre au fils!
Comte , c'est vn effort à dissiper la gloire
Des noms les plus fameux dont se pare l'Histoire,
Et que le seul Auguste ayant osé tenter
N'osa prendre du cœur jusqu'à l'exécuter.
Ie viens donc y répondre, & de toute mon ame
Te rendre pour mon fils. . . .
GRIMOALD.

                          Ah, c'en est trop, Madame,
Ne vous abaissez point à des remerciements,
C'est moy qui vous dois tout , & si mes sentiments...
RODELINDE.
Souffre les miens de grace, & permets que ie mette
Cet effort sans exemple en sa gloire parfaite,
Et que ma propre main tâche d'en arracher
Tout ce mélange impur dont tu le veux tacher.
Car enfin cet effort est de telle nature
Que la source en doit estre à nos yeux toute pure,
La vertu doit regner dans vn si grand projet,
En estre seule cause , & l'honneur seul objet,
Et depuis qu'on le soüille, ou d'espoir de salaire,
Ou de chagrin d'amour , ou de soucy de plaire,
Il part indignement d'vn courage abbatu,
Où la passion regne & non pas la vertu.
Comte , penses-y bien , & pour m'auoir aymée
N'imprime point de tache à tant de renommée,
Ne croy que ta vertu, laisse-la seule agir,
Que cet illustre effort ne te face rougir.
On publieroit de toy que les yeux d'vne femme
Plus que ta propre gloire auroient touché ton ame,
On diroit qu'vn Heros si grand, si renommé
Ne seroit qu'vn tyran s'il n'auoit point aymé.
GRIMOALD.
Donnez-moy cette honte & ie la tiens à gloire,
Faites de vos mépris ma derniere victoire,
Et souffrez qu'on impute à ce bras trop heureux
Que vostre seul amour l'a rendu genereux;

Souffrez que cet amour par vn effort si iuste,
Terniffe le grand nom & les hauts faits d'Augufte,
Qu'il ait plus de pouuoir que fes vertus n'ont eu.
Qui n'adore que vous n'aymé que la vertu,
Cet effort fans exemple eft de telle nature,
Qu'il ne fçauroit partir d'vne fource plus pure,
Et la plus noble enfin des belles paffions
Ne peut faire de tache aux grandes actions.
RODELINDE.
Comte, ce qu'elle jette à tes yeux de pouffiere
Pour voir ce que tu fais, les laiffe fans lumiere.
A ces conditions rendre vn fceptre conquis
C'eft afferuir la mere en couronnant le fils,
Et pour en bien parler, ce n'eft pas tant le rendre,
Qu'au prix de mon honneur indignement le vendre.
Ta gloire en pourroit croiftre, & tu le veux ainfi,
Mais l'éclat de la mienne en feroit obfcurcy.
Quel que foit ton amour, quel que foit ton merite,
La defaite & la mort de mon cher Pertharite
D'vn fanglant caractere ébauchant tes hauts faits
Les peignent à mes yeux comme autant de forfaits,
Et ne pouuant les voir que d'vn œil d'ennemie,
Ie n'y puis prendre part fans entiere infamie.
Ce font des fentimens que ie ne puis trahir,
Ie te dois eftimer, mais ie te dois haïr,
Ie dois agir en vefue autant qu'en magnamime,
Et porter cette haine auffi loin que l'eftime.
GRIMOALD.
Ah, forcez-vous de grace à des termes plus doux
Pour des crimes qui feuls m'ont fait digne de vous,
Par eux feuls ma valeur en tefte d'vne armée
A des plus grands Heros atteint la renommée,
Par eux feuls i'ay vaincu, par eux feuls i'ay regné,
Par eux feuls ma iuftice à tant de cœurs gaigné,
Par eux feuls i'ay paru digne du Diadême,
Par eux feuls ie vous voy, par eux feuls ie vous ayme,
Et par eux feuls enfin mon amour tout parfait
Ofe faire pour vous ce qu'on n'a iamais fait.

RODELINDE.

Tu ne fais que pour toy, s'il t'en faut recompenfe;
Et ie te dis encor que toute ta vaillance
T'ayant fait vers moy feule à iamais criminel,
A mis entre nous deux vn obftacle eternel.
Garde donc ta conquefte, & me laiffe ma gloire,
Refpecte d'vn époux, & l'ombre & la memoire,
Tu l'as chaffé du trône & non pas de mon cœur.

GRIMOALD.

Vnulphe, c'eft donc là toute cette douceur!
C'eft là comme fon ame enfin plus raifonnable
Semble auoir dépoüillé cet orgueil indomptable!

GARIBALDE.

Seigneur, fouuenez-vous qu'il eft temps de parler.

GRIMOALD.

Ouy, l'affront eft trop grand pour le diffimuler,
Elle en fera punie, & puifqu'on me méprife
Ie deuiendray tyran de qui me tyrannife,
Et ne fouffriray plus qu'vne indigne fierté
Se iouë impunément de mon trop de bonté.

RODELINDE.

Et bien, deuiens tyran, renonce à ton eftime,
Renonce au nom de iufte, au nom de magnanime....

GRIMOALD.

La végeance eft plus douce enfin que ces vains noms,
S'ils me font malheureux, à quoy me font-ils bons?
Ie me feray iuftice en domptant qui me braue,
Qui ne veut point regner merite d'eftre efclaue:
Allez fans dauahtage irriter mon courroux
Attendre ce qu'vn maiftre ordonnera de vous.

RODELINDE.

Qui ne craint point la mort, craint peu quoy qu'il ordonne.

GRIMOALD.

Vous la craindrez peut-eftre en quelqu'autre per-
fonne.

RODELINDE.

Quoy, tu voudrois....

GRIMOALD.

Allez, & ne me pressez point,
On vous pourra trop tost éclaircir sur ce point.
Voila tous les efforts que ie me suis pû faire,
Toute ingrate qu'elle est, ie tremble à luy déplaire,
Et ce peu que i'ay fait suiuy d'vn desaueu,
Gesne autant ma vertu comme il trahit mon feu,
Acheue, Garibalde, Vnulphe est trop credule,
Il prend trop aisément vn espoir ridicule,
Menace, puisqu'enfin c'est perdre temps qu'offrir.
Toy qui m'as trop flatté, vien m'ayder à souffrir.

Fin du second Acte.

ACTE III.

SCENE PREMIERE.

GARIBALDE, RODELINDE.

GARIBALDE.

CE n'est plus seulement l'offre d'vn Dia-
déme
Que vous fait pour vn fils vn Prince qui
vous ayme,
Et de qui le refus ne puisse estre imputé
Qu'à fermeté de haine , ou magnanimité :
Il y va de sa vie ; & la iuste colere
Où iettent cet amant les mépris de la mere,
Veut punir sur le sang de ce fils innocent
La dureté d'vn cœur si peu recognoissant.
C'est à vous d'y penser, tout le choix qu'on vous dô-
C'est d'accepter pour luy la mort, ou la Couronne,
Son sort est en vos mains, aymer ou dédaigner
Le va faire perir, ou le faire regner.

RODELINDE.

S'il me faut faire vn choix d'vne telle importance,
On me donnera bien le loisir que i'y pense.

GARIBALDE.

Pour en deliberer vous n'auez qu'vn moment,
I'en ay l'ordre pressant & sans retardement,

Madame, il faut resoudre & s'expliquer sur l'heure,
Vn mot est bien-tost dit, si vous voulez qu'il meure,
Prononcez-en l'arrest, & i'en prendray la loy,
Pour faire executer les volontez du Roy.

        RODELINDE.

Vn mot est bien-tost dit, mais dans vn tel martire
On n'a pas bien-tost veu quel mot c'est qu'il faut dire,
Et le choix qu'on m'ordonne est pour moy si fatal
Qu'à mes yeux des deux parts le supplice est égal ;
Mais il faut obeïr. fay-moy venir ton maistre.

        GARIBALDE.

Quel choix auez-vous fait ?

        RODELINDE.

                Ie luy feray cognoistre
Que si...   GARIBALDE.

        C'est auec moy qu'il vous faut acheuer,
Il est las desormais de s'entendre brauer,
Et si ie ne luy porte vne entiere asseurance
Que vos desirs enfin suiuent son esperance,
Sa veuë est vn honneur qui vous est deffendu.

        RODELINDE.

Que me dis-tu, perfide ? ay-ie bien entendu ?
Tu crains donc qu'vne femme à force de se plaindre
Ne sauue vne vertu que tu tâches d'éteindre,
Ne remette vn Heros au rang de ses pareils
Dont tu veux l'arracher par tes lâches conseils ?
Oüy, ie l'épouseray, ce trop aueugle maistre,
Tout cruel, tout tyran que tu le forces d'estre.
Va, cours l'en asseurer, mais penses-y deux fois,
Crains moy, crains son amour s'il accepte mon choix,
Ie puis beaucoup sur luy, j'y pourray dauantage,
Et regneray peut-estre apres cet esclauage.

        GARIBALDE.

Vous regnerez, Madame, & ie seray rauy
De mourir glorieux pour l'auoir bien seruy.

        RODELINDE.

Va, ie luy feray voir que de pareils seruices
Sont dignes seulement des plus cruels supplices,

Et que de tous les maux dont les Rois font autheurs
Ils s'en doiuent vanger fur de tels feruiteurs.
Tu peux en attendant luy donner cette ioye,
Que pour gagner mon cœur il a trouué la voye,
Que ton zele infolent & ton mauuais deftin
A fon amour barbare en ouurent le chemin,
Dy-luy, puifqu'il le faut, qu'à l'Hymen ie m'apprefte,
Mais fuy-nous s'il s'acheue, & tremble pour ta tefte.

GARIBALDE.

Ie veux bien à ce prix vous donner vn grand Roy.

RODELINDE.

Qu'à ce prix donc il vienne & m'apporte fa foy.

SCENE II.

RODELINDE, EDVIGE.

EDVIGE.

VOftre felicité fera mal affeurée
Deffus vn fondement de fi peu de durée,
Vous auez toutefois de fi puiffans appas...

RODELINDE.

Ie fçay quelques fecrets que vous ne fçauez pas,
Et fi i'ay moins que vous d'attraits & de merite,
I'ay des moyens plus feurs d'empefcher qu'on me
quitte.

EDVIGE.

Mon exemple....

RODELINDE.

Souffrez que ie n'en craigne rien,
Et par voftre malheur ne iugez pas du mien.
Chacun à fes perils peut croire fa fortune,
Et i'ay quelques foucis que l'exemple importune.

EDVIGE.
Ce n'est pas mon dessein de vous importuner.
RODELINDE.
Ce n'est pas mon dessein aussi de vous gesner,
Mais vostre jalousie vn peu trop inquiete
Se donne malgré moy cette gesne secrette.
EDVIGE.
Ie ne suis point jalouse, & l'infidelité....
RODELINDE.
Et bien, soit jalousie ou curiosité,
Depuis quand sommes-nous en telle intelligence
Que tout mon cœur vous doiue entiere confidence?
EDVIGE.
Ie n'en pretens aucune, & c'est assez pour moy
D'auoir bien entendu comme il accepte vn Roy.
RODELINDE.
On n'entend pas tousiours ce qu'on croit bien en-
tendre.
EDVIGE.
De vray dans vn discours difficile à comprendre
Ie ne deuine point, & n'en ay pas l'esprit,
Mais l'esprit n'a que faire où l'oreille suffit.
RODELINDE.
Il faudroit que l'oreille entendist la pensée.
EDVIGE.
I'entens assez la vostre, on vous aura forcée,
On vous aura fait peur, ou de la mort d'vn fils,
Ou de ce qu'vn tyran se croit estre permis,
Et l'on fera courir quelque mauuaise excuse
Dont la Cour s'éblouïsse, & le peuple s'abuse:
Mais cependant ce cœur que vous m'abandonniez...
RODELINDE.
Il n'est pas temps encor que vous vous en plaigniez,
Comme il m'a fait des loix, i'ay des loix à luy faire.
EDVIGE.
Il les acceptera pour ne vous pas déplaire,
Prenez-en sa parole, il la garde fort bien,
Et vous promettra tout pour ne vous tenir rien;

RODELINDE.

Laiſſez-m'en, quoy qu'il face, ou la gloire, ou la
  honte,
Puiſque ce n'eſt qu'à moy que j'en dois rendre conte
Si voſtre cœur ſouffroit ce que ſouffre le mien,
Vous ne vous plairiez pas en vn tel entretien,
Et voſtre ame à ce prix voyant vn Diadéme
Voudroit en liberté ſe conſulter ſoy-meſme.

EDVIGE.

Ie demande pardon ſi ie vous fais ſouffrir,
Et vay me retirer pour ne vous plus aigrir.

RODELINDE.

Allez, & demeurez dans cette erreur confuſe,
Vous ne meritez pas que ie vous deſabuſe.

EDVIGE.

Ce cher amant ſans moy vous entretiendra mieux,
Et ie n'ay plus beſoin de rapport de mes yeux.

SCENE III.

GRIMOALD, RODELINDE, GARIBALDE, VNVLPHE.

RODELINDE.

IE me rends, Grimoald, mais non pas à la force,
Le tiltre que tu prends m'eſt vne douce amorce,
Et s'empare ſi bien de mon affection
Qu'elle ne veut de toy qu'vne condition.
Si ie n'ay pû t'aymer & iuſte & magnanime,
Quand tu deuiens tyran ie t'ayme dans le crime,
Et pour moy ton Hymen eſt vn ſouuerain bien
S'il rend ton nom infame auſſi bien que le mien.

GRIMOALD.
Que j'aymeray, Madame, vne telle infamie
Qui vous fera cesser d'estre mon ennemie!
Acheuez, acheuez, & sçachons à quel prix
Ie puis mettre vne borne à de si longs mépris,
Ie ne veux qu'vne grace & disposez du reste.
Ie crains pour Garibalde vne haine funeste,
Ie la crains pour Vnulphe, à cela prés, parlez.
RODELINDE.
Va, porte cette crainte à des cœurs raualez:
Ie ne m'abaisse point aux foiblesses des femmes
Iusques à me vanger de ces petites ames.
Si leurs mauuais conseils me forcent de régner,
Ie les en dois haïr, & sçay les dédaigner:
Le Ciel qui punit tout choisira pour leur peine
Quelques moyens plus bas que cette illustre haine;
Qu'ils viuent cependant, & que leur lâcheté
A l'ombre d'vn tyran troue sa seureté.
Et que ie veux de toy porte le caractere
D'vne vertu plus haute & digne de te plaire.
Mes offres n'ont point eu d'exemple iusqu'icy,
Et ce que ie demande est sans exemple aussi;
Mais ie veux qu'il te donne vne marque infaillible
Que l'interest d'vn fils ne me rend point sensible,
Que ie veux estre à toy sans le considerer,
Sans regarder en luy que craindre, ou qu'esperer.
GRIMOALD.
Madame, acheuez donc de m'accabler de ioye,
Par quels heureux moyens faut-il que ie vous croye?
Expliquez-vous, de grace, & j'atteste les Cieux
Que tout suiura sur l'heure vn bien si precieux.
RODELINDE.
Apres vn tel serment j'obeïs & m'explique.
Ie veux donc d'vn tyran vn acte tyrannique,
Puisqu'il en veut le nom, qu'il le soit tout à fait,
Que toute sa vertu meure en vn grand forfait,
Qu'il renonce à iamais aux glorieuses marques
Qui le mettoient au rang des plus dignes Monarques,

Et pour le voir méchant, lâche, impie, inhumain,
Ie veux voir ce fils mesme immolé de sa main.

GRIMOALD.

Iuste Ciel!   RODELINDE.

     Que veux-tu pour marque plus certaine
Que l'interest d'vn fils n'amollit point ma haine,
Que ie me donne à toy sans le considerer,
Sans regarder en luy que craindre, ou qu'esperer?
Tu trembles, tu pâlis, il semble que tu n'oses
Toy-mesme executer ce que tu me proposes!
S'il te faut du secours, ie n'y recule pas,
Et veux bien te prester l'exemple de mon bras.
Fay, fay venir ce fils qu'auec toy ie l'immole,
Dégage ton serment, ie tiendray ma parole,
Il faut bien que le crime vnisse à l'aduenir
Ce que trop de vertus empeschoit de s'vnir;
Qui tranche du tyran doit se resoudre à l'estre.
Pour remplir ce grand nom as-tu besoin d'vn maistre
Et faut-il qu'vne mere aux dépens de son sang
T'apprenne à meriter cet effroyable rang?
N'en souffre pas la honte, & prens toute la gloire
Que cet illustre effort attache à ta memoire,
Fay voir à tes flatteurs qui te font trop oser
Que tu sçais mieux que moy l'art de tyranniser,
Et par vne action aux seuls tyrans permise
Deuiens le vray tyran de qui te tyrannise.
A ce prix ie me donne, à ce prix ie me rends,
Ou si tu l'aymes mieux, à ce prix ie me vends,
Et consens à ce prix que ton amour n'obtienne,
Puisqu'il souïlle ta gloire aussi-bien que la mienne.

GRIMOALD.

Garibalde, est-ce-là ce que tu m'auois dit?

GARIBALDE.

Auec vostre jalousé elle a changé d'esprit,
Et ie l'auois laissée à l'Hymen toute preste,
Sans que son déplaisir menaçast que ma teste:
Mais ces fureurs enfin ne font qu'illusion
Pour vous donner, Seigneur, quelque confusion.

Ne vous estonnez point, vous l'en verrez dédire.

GRIMOALD.

Vous l'ordonnez, Madame, & ie dois y soubscrire,
I'en feray ma victime, & ne suis point ialoux
De vous voir sur ce fi.s porter les premiers coups;
Quelque honneur qui par là s'attache à ma memoire,
Ie veux bien auec vous en partager la gloire,
Et que tout l'aduenir ait dequoy m'accuser
D'auoir appris de vous l'art de tyranniser.
Vous deuriez pourtant regler mieux ce courage,
N'en pousser point l'effort iusqu'aux bords de la rage,
Ne luy permettre rien qui sentist la fureur,
Et le faire admirer sans en donner d'horreur,
Faire la furieuse & la desesperée,
Paroistre auec éclat mere dénaturée,
Sortir hors de vous-mesme, & montrer à grand bruit
A quelle extrémité mon amour vous reduit,
C'est mettre auec trop d'art la douleur en parade,
Qui fait le plus de bruit n'est pas le plus malade,
Les plus grands déplaisirs sont les moins éclatans,
Et l'on sçait qu'vn grand cœur se possede en tout
    temps.
Vous le sçauez, Madame, & que les grandes ames
Ne s'abaissent iamais aux foiblesses des femmes,
Ne s'aueuglent iamais ainsi hors de saison,
Que leur desespoir mesme agit auec raison,
Et que....

RODELINDE.

    C'est assez dit, sois-moy iuge equitable,
Et me dy si le mien agit en raisonnable,
Si ie parle en aueugle, ou si i'ay de bons yeux.
Tu veux rendre à mon fils le bien de ses ayeux,
Et toute ta vertu iusques là t'abandonne
Que tu mets en mon choix sa mort ou ta couronne :
Quand i'auray satisfait tes feux desesperez
Pois-ie croire ses iours beaucoup plus asseurez ?
Et offre, ou si tu veux, ce don du Diadéme
C'est, à le bien nommer, qu'vn foible stratagéme,

D

Faire vn Roy d'vn enfant pour estre son tuteur,
C'est quitter pour ce nom celuy d'vsurpateur,
C'est choisir pour regner vn fauorable tiltre,
C'est du sceptre & de luy te faire seul arbitre,
Et mettre sur le trône vn fantôme pour Roy
Iusques au premier fils qui te naistra de moy,
Iusqu'à ce qu'on nous craigne, & que le temps arriue
De remettre en ses mains la puissance effectiue.
Qui le veut immoler à son affection
L'immoleroit sans peine à son ambition.
On se lasse bien-tost de l'amour d'vne femme,
Mais la soif de regner regne toûiours sur l'ame,
Et comme la grandeur a d'eternels appás,
L'Italie est sujette à de soudains trépas,
Il est des moyens sourds pour leuer vn obstacle,
Et faire vn nouueau Roy sans bruit & sans miracle:
Quitte pour te forcer à deux ou trois soûpirs,
Et peindre alors ton front d'vn peu de déplaisirs.
La porte à ma vengeance en seroit moins ouuerte,
Ie perdrois auec luy tout le fruit de sa perte,
Puisqu'il faut qu'il perisse, il vaut mieux tost que tard
Que sa mort soit vn crime, & non pas vn hazard,
Que cette ombre innocenté à toute heure m'anime,
Me demande à toute heure vne grande victime,
Que ce ieune Monarque immolé de ta main
Te rende abominable à tout le genre humain,
Qu'il t'excite par tout des haines immortelles,
Que de tous tes sujets il face des rebelles:
Ie t'épouseray lors, & m'y viens d'obliger,
Pour mieux seruir ma haine, & pour mieux me vãger,
Pour moins perdre de vœux contre ta barbarie,
Pour estre à tous momens maistresse de ta vie,
Pour auoir l'accez libre à pousser ma fureur,
Et mieux choisir la place à te percer le cœur.
Voila mon desespoir, voila ses iustes causes,
A ces conditions prens ma main, si tu l'oses.
                    GRIMOALD.
Oüy, ie la prens, Madame, & veux auparauant.

SCENE IV.

PERTHARITE, GRIMOALD, RODELINDE, GARIBALDE, VNVLPHE.

PERTHARITE.

ARreſté, Grimoald, Pertharite eſt viuant.
Ce te doit eſtre aſſez de porter ma Couronne,
Sans me rauir encor ce que l'Hymen me donne ;
A quoy que ton amour te puiſſe diſpoſer,
Commence par ma mort, ſi tu veux l'épouſer.

RODELINDE.

Eſt-ce donc vous, Seigneur, & les bruits infidelles
N'ont-ils ſemé de vous que de fauſſes nouuelles ?

PERTHARITE.

Oüy, cet eſpoux ſi cher à vos chaſtes deſirs,
Qui vous a tant couſté de pleurs & de ſoûpirs.

GRIMOALD.

Va, fantôme inſolent, retroüuer qui t'enuoye,
Et ne te meſlé pas d'attenter à ma joye.
Il eſt encor icy des ſupplices pour toy
Si tu viens y montrer la vaine ombre d'vn Roy,
Pertharite n'eſt plus.

PERTHARITE.

      Pertharite reſpire,
Il te parle, il te voit regner dans ſon Empire :
Que ton ambition ne s'effarouche pas,
Et ne t'obſtine point à croire mon trépas.
Il ne viens point icy jaloux de ma Couronne
Soûleuer mes ſujets, me prendre à ta perſonne,

Me reſſaiſir d'vn ſceptre acquis à ta valeur,
Et me vanger ſur toy de mon trop de malheur.
I'ay cherché vainement dans toutes les Prouinces
L'appuy des Potentats , & la pitié des Princes,
Et dans toutes leurs Cours ie me ſuis veu ſurpris
De n'auoir rencontré qu'vn indigne mépris.
Enfin las de traiſner par tout mon impuiſſance,
Sans trouuer que foibleſſe ou que méçognoiſſance,
Alarmé d'vn amour qu'vn faux bruit t'a permis,
Ie rentre en mes Eſtats que le Ciel t'a ſoûmis :
Mais i'y rencontre encor des malheurs plus étranges,
Ie n'y trouue pour toy qu'eſtime & que loüanges,
Et d'vne voix commune on y bénit vn Roy
Qui fait voir ſous mon daix plus de vertus que moy
Oüy , d'vn commun accord ces courages infames
Me laiſſent détrôner iuſqu'au fond de leurs ames,
S'imputent à bonheur de viure ſous tes loix,
Et dédaignent pour toy tout le ſang de leurs Rois.
Ie céde à leurs deſirs , garde mon Diadéme
Comme digne rançon de cette autre moy-meſme,
Laiſſe-moy racheter Rodelinde à ce prix,
Et ie viuray content malgré tant de mépris.
Tu ſçais qu'elle n'eſt pas du droit de ta conqueſte,
Qu'il faut pour eſtre à toy qu'il m'en couſte
    teſte ;
Garde donc de meſler la fureur des tyrans
Aux brillantes vertus des plus grands Conquerans,
Fay voir que ce grand bruit n'eſt point vn artifice,
Que ce n'eſt point à faux qu'on vante ta iuſtice,
Et donne-moy ſujet de ne plus m'indigner
Que mon peuple en ma place ayme à te voir regner.

GRIMOALD.

L'artifice groſſier n'a rien qui m'épouuante,
Edüige à tourber n'eſt pas aſſez ſçauante,
Quelque adreſſe qu'elle aye, elle t'a mal inſtruit,
Et d'vn ſi haut deſſein elle a fait trop de bruit,
Elle en fait auorter l'effet par la menace,
Et ne te produit plus que de mauuaiſe grace.

PERTHARITE.

Quoy ! vous me prenez donc pour vn homme attitré?

GRIMOALD.

Tu l'aduoüeras toy-mesme, ou de force, ou de gré.
Il faut plus de secret alors qu'on veut surprendre,
Et l'on ne surprend point quand on se fait attendre.

PERTHARITE.

Parlez, parlez, Madame, & faites voir à tous
Que vous auez des yeux pour cognoistre vn espoux.

GRIMOALD.

Tu veux qu'en ta faueur j'écoute ta complice?
Et bien, parlez, Madame, acheuez l'artifice,
Est-ce-là vostre espoux?

RODELINDE.

    Non, c'est vn imposteur,
Il en a tous les traits & n'en a pas le cœur,
Et du moins si c'est luy quand ie voy son visage,
Soudain ce n'est plus luy quand j'entends son langage.
Mon espoux n'eut iamais le courage abbatu
Iusqu'à ceder son trône à ta fausse vertu.
S'il auoit approché si prés de ta personne
Il eust desia repris son sceptre & sa couronne,
Il se fust fait cognoistre au bras plus qu'à la voix,
Et t'eust percé la cœur desia plus d'vne fois.
Ses discours à son rang font vne perfidie....

GRIMOALD.

Mais dites-nous enfin....

RODELINDE.

    Que veux-tu que ie die?
C'est luy, ce n'est pas luy, c'est ce que tu voudras,
J'en croiray plus que moy ce que tu resoudras.
Imposteur, ou Monarque, il est en ta puissance,
Et puisqu'à mes yeux mesme il trahit sa naissance,
Sa vie & son trépas me sont indifferens.
Acheue de te mettre au rang des vrais tyrans.

SCENE V.

GRIMOALD, PERTHARITE, GARIBALDE, VNVLPHE.

GRIMOALD.

QVe cet éuenement de nouueau m'embaraſſe !

GARIBALDE.

Ne penſez plus, Seigneur, qu'à punir tant d'audace.

GRIMOALD.

Oüy, l'échaffaut bien-toſt m'en fera la raiſon.
Que ton apártément luy ſerue de priſon,
Ie te le donne en garde, Vnulphe.

PERTHARITE.

                Prince, écoute,
Mille & mille témoins te mettront hors de doute,
Tout Milan, tout Pauie. . . .

GRIMOALD.

               Allez, ſans conteſter,
Vous aurez tout loiſir de vous faire écouter.

à Garibalde.

Toy, va voir Eduige, & tâche à tirer d'elle
Dans ces obſcuritez quelque clarté fidelle,
Et iuge par l'eſpoir qu'elle aura d'eſtre à moy,
Si c'eſt vn impoſteur qu'elle déguiſe en Roy.

SCENE VI.

GARIBALDE.

Qvel reuers impréueu, quel éclat de tonnerre
Iette en moins d'vn moment tout mon espoir
    par terre?
Ce funeste retour, malgré tout mon projet,
Va rendre Grimoald à son premier objet,
Et s'il traite ce Prince en Heros magnanime,
N'ayant plus de tyran, ie n'ay plus de victime,
Ie n'ay rien à vanger & ne le puis trahir
S'il m'oste les moyens de le faire haïr.
N'importe toutefois, ne perdons pas courage,
Forçons nostre fortune à changer de visage,
Obstinons Grimoald par maxime d'Estat
A le croire imposteur, où craindre vn attentat,
Accablons son esprit de terreurs chimeriques
Pour luy faire embrasser des conseils tyranniques,
De son trop de vertu sçachons le dégager,
Et perdons Perthatite afin de le vanger.
Peut-estre qu'Edüige à regret plus seuere,
N'osera l'accepter teint du sang de son frere;
Et que l'effet sniura nostre prétention
Du costé de l'amour & de l'ambition :
Tâchons, quoy qu'il en soit, d'en acheuer l'ouurage,
Et pour regner vn iour, mettons tout en vsage.

Fin du troisiéme Acte.

ACTE IV.

SCENE PREMIERE

GRIMOALD, GARIBALDE.

GARIBALDE.

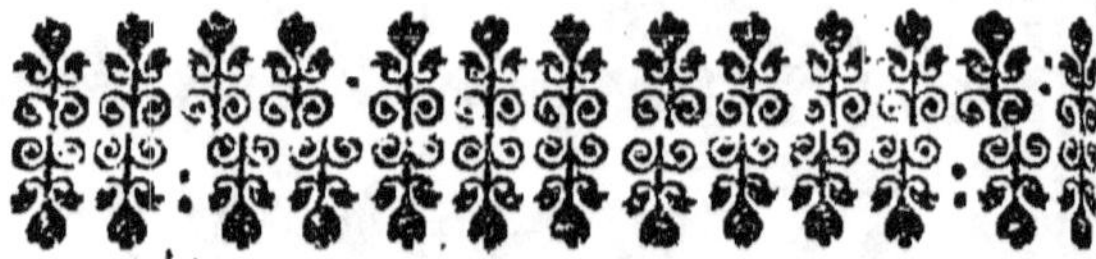

EIGNEVR, ou ie m'abuse en cette
occasion,
Ou ce retour soudain n'est qu'vne illusió,
Ie ne l'ay veu que trop aux discours d'E-
　　düige:
Comme sensiblement vostre change l'affijge,
Et qu'auec le feu Roy ce sourbe a du rapport,
Sa flame au desespoir fait ce dernier effort.
Rodelinde comme elle ayme à vous mettre en peine,
L'vne sert són amour, & l'autre sert sa haine,
Ce que l'vne produit, l'autre ose l'aduoüer,
Et leur inimitié s'accorde à vous joüer.

GRIMOALD.

Duc, ie n'en doute plus, mais ie ne puis comprendre
De quel front l'imposteur en mes mains se vient ren-
　　dre.
Si sous la ressemblance & le nom de son Roy
Il auoit souléué le peuple contre moy,
Et qu'il eust ménagé si bien ses artifices
Qu'il eust pû par la fuite euiter les supplices,

Qu'il fust en mon pouuoir par vn coup de malheur,
Son espoir auroit eu du moins quelque couleur;
Mais se liurer luy-mesme & sans rien entreprendre!
Duc, encor vne fois ie ne le puis comprendre;
C'est estre bien stupide, ou bien desesperé,
Que de chercher soy-mesme vn trépas asseuré.

GARIBALDE.

Edüige, Seigneur, n'a pris soin de l'instruire
Que pour vous dégager, & non pour vous détruire,
C'est son ambition qui vous veut pour espoux,
Et ne vous veut que Roy, pour regner auec vous.
Il luy suffit qu'il parle, & qu'il vous embarasse;
Et quant à luy, Seigneur, il est seur de sa grace;
Car soit que ses discours puissent vous émouuoir
Iusqu'à rendre Edüige à son premier pouuoir,
Soit que malgré sa fourbe & vaine & languissante
Rodelinde sur vous resté toute-puissante,
A l'vne ou l'autre enfin vostre ame à l'abandon
Se luy pourra iamais refuser ce pardon.

GRIMOALD.

Tu dis vray, Garibalde, & desia ie le donne
A qui voudra des deux partager ma couronne.
Non que j'espere encor amollir ce rocher,
Que ny respects, ny vœux n'ont iamais sçeu toucher;
Si l'aymay Rodelinde, & si pour n'aymer qu'elle
Mon ame à qui m'aymoit s'est renduë infidelle,
Si d'eternels dédains, si d'eternels ennuis,
Les brauades, la haine, & le trouble où ie suis,
Ont esté iusqu'icy toute la recompense
De cet amour parjure où mon cœur se dispense,
Il est temps desormais que par vn iuste effort
I'affranchisse mon cœur de cet indigne sort.
Prenons l'occasion que nous fait Edüige,
Aymons cette imposture où son amour l'oblige.
Elle plaint vn ingrat de tant de maux soufferts,
Et luy preste la main pour se tirer des fers,
Aymons encor vn coup, aymons son artifice,
Aymons-en le secours, & rendons-luy iustice.

Soit qu'elle en veüille au trône , ou n'en veüille qu'
    moy,
Qu'elle ayme Grimoald, ou qu'elle ayme le Roy,
Qu'elle ait beaucoup d'amour , ou beaucoup de cou-
    rage,
Ie dois tout à la main qui rompt mon esclauage.
Toy qui ne la seruois qu'afin de m'obeïr,
Qui tâchois par mon ordre à m'en faire haïr,
Duc, ne t'y force plus, & me rends ma parole,
Que ie rende à ses feux tout ce que ie leur vole,
Et que ie puisse ainsi d'vne mesme action
Recompenser sa flame, ou son ambition.

GARIBALDE.

Ie vous la rends , Seigneur , mais enfin prenez gar-
A quels nouueaux perils cet effort vous hazarde,
Et si ce n'est point croire vn peu trop promptement
L'impetueux transport d'vn premier mouuement.
L'imposteur impuny passera pour Monarque,
Tout le peuple en prendra vostre bonté pour marque
Et comme il est ardent apres la nouueauté
Il s'imaginera son rang seul respecté.
Ie sçay bien qu'aussi-tost vostre haute vaillance
De ce peuple mutin domptera l'insolençe,
Mais tenez-vous fort seur ce que vous pretendez,
Du costé d'Edüige à qui vous vous rendez ?
I'ay penetré, Seigneur, iusqu'au fonds de son ame,
Où ie n'ay veu pour vous aucun reste de flame,
Sa haine seule agit , & cherche à vous oster
Ce que tous vos desirs s'efforcent d'emporter.
Elle veut , il est vray , vous r'appeler vers elle,
Mais pour faire à son tour l'ingrate & la cruelle,
Pour vous traiter de lâche, & vous rendre soudain
Parjure pour parjure, & dédain pour dédain.
Elle veut que vostre ame esclaue de la sienne
Luy demande sa grace , & iamais ne l'obtienne,
Ce sont ses mots exprés, & pour vous punir mieux
Elle me veut aymer , & m'aymer à vos yeux:
Elle me l'a promis.

SCENE II.

GRIMOALD, GARIBALDE,
EDVIGE.

EDVIGE.

IE te l'ay promis, traiſtre,
Oüy, ie te l'ay promis, & l'aurois fait peut-eſtre,
ſi ton ame attachée à mes commandemens
Euſt pû dans ſon amour ſuiure mes ſentimens.
I'auois mis mes ſecrets en bonne confidence:
Voy par là, Grimoald, quelle eſt ton imprudence,
Et iuge par les miens lâchement declarez,
Comme les tiens ſur luy peuuent eſtrè aſſeurez.
Qui trahit ſa maiſtreſſe, aiſément fait cognoiſtre
Que ſans aucun ſcrupule il trahiroit ſon maiſtre,
Et que des deux coſtez laiſſant flotter ſa foy,
Son cœur n'ayme en effet ny ſon maiſtre, ny moy.
Il a ſon but à part, Grimoald, prens-y garde.
Quelque deſſein qu'il ait, c'eſt toy ſeul qu'il regarde,
Examine ce cœur, iuges-en comme il faut,
Qui m'ayme & me trahit, aſpire encor plus haut.

GARIBALDE.

Vous le voyez, Seigneur, auec quelle injuſtice
On me fait criminel quand ie vous rends ſeruice.
Mais dequoy n'eſt capable vn malheureux amant
Que la peur de vous perdre agite inceſſamment,
Madame ? vous voulez que le Roy vous adore,
Et pour l'en empeſcher ie ferois plus encore,
Ie ne m'en deffends point, & mon eſprit jaloux
Cherche tous les moyens de l'éloigner de vous.

Ie ne vous ſçaurois voir entre les bras d'vne autre,
Mon amour, ſi c'eſt crime, a l'exemple du voſtre,
Que ne faites-vous point pour obliger le Roy
A quitter Rodelinde & vous rendre ſa foy?
Eſt-il rien en ces lieux que n'ait mis en vſage
L'excez de voſtre ardeur, ou de voſtre courage?
Pour eſtre tout à vous, i'ay fait tous mes efforts,
Mais ie n'ay point encor fait reuiure les morts,
I'ay dit des veritez dont voſtre cœur murmure,
Mais ie n'ay point eſté iuſques à l'impoſture,
Et ie n'ay point pouſſe des ſentiments ſi beaux
Iuſqu'à faire ſortir des ombres des tombeaux,
Ce n'eſt point mon amour qui produit Pertharite,
Ma flame ignore encor cet art qui reſſuſcite,
Et ie ne vois en elle enfin rien à blâmer
Sinon que ie trahis, ſi c'eſt trahir qu'aymer.

EDVIGE.

De quel front, & dequoy cet inſolent m'accuſe!

GRIMOALD.

D'vn mauuais artifice & d'vne foible ruſe,
Voſtre deſſein, Madame, eſtoit mal concerté,
Il ne m'a point ſurpris quand il s'eſt preſenté,
Vous m'auiez preparé vous-meſme à m'en defendre,
Et me l'ayant promis, j'auois lieu de l'attendre.
Conſolez-vous pourtant, il a fait ſon effet,
Ie ſuis à vous, Madame, & j'y ſuis tout à fait.
Si ie vous ay trahie, & ſi mon cœur volage
Vous a volé long-temps vn legitime hommage,
Si pour vn autre objet le voſtre en fut banny,
Les maux que i'ay ſoufferts m'en ont aſſez puny.
Ie reconnuë la veuë, & recognoy mon crime,
A mes feux rallumez ce cœur s'offre en victime;
Oüy, Princeſſe, & pour eſtre à vous iuſqu'au trépas
Il demande vn pardon qu'il ne merite pas.
Voſtre propre bonté qui vous en ſollicite,
Obtient deſia celuy de ce faux Pertharite,
Vn ſi grand attentat bleſſe la Majeſté,
Mais s'il eſt criminel, ie l'ay moy-meſme eſté,

Faites grace , & i'en fais, oubliez & j'oublie.
Il reste seulement que luy mesme il publie
Par vn adueu sincere & sans rien déguiser
Que pour me rendre à vous il vouloit m'abuser,
Qu'il n'empruntoit ce nom que par vostre ordre
    mesme.
Madame, asseurez-vous par là mon Diadême,
Et ne permettez pas que cette illusion
Aux mutins contre nous preste d'occasion.
Faites donc qu'il l'aduoüe , & que ma grace offerte,
Tout imposteur qu'il est , le dérobe à sa perte,
Et deliurez par là de ces troubles soudains
Le sceptre qu'auec moy ie remets en vos mains.

EDVIGE.

J'auois eu iusqu'icy ce respect pour ta gloire
Qu'en te nommant tyran j'auois peine à me croire,
Ie me tenois suspecte, & sentois que mon feu
Faisoit de ce reproche vn secret desaueu :
Mais tu leues le masque, & m'ostes de scrupule,
Ie ne puis plus garder ce respect ridicule,
Et ie voy clairement, le masque estant leué,
Que iamais on n'a veu tyran plus acheué.
Tu fais adroitement le doux & le seuere,
Afin que la sœur t'ayde à massacrer le frere,
Tu fais plus, & tu veux qu'en trahissant son sort
Luy-mesme il se condamne & se liure à la mort,
Comme s'il pouuoit estre amoureux de la vie
Iusqu'à la rachepter par vne ignominie,
Ou qu'vn friuole espoir de te reuoir à moy
Me pûst rendre perfide, & lâche comme toy.
Ayme-moy, si tu veux, déloyal, mais n'espere
Aucun secours de moy pour t'immoler mon frere.
Ie te menaçois tantost de son retour,
Et j'en donnois l'alarme à ton nouuel amour,
C'estoient discours en l'air inuentez par ma flame
Pour broüiller ton esprit, & celuy de sa femme.
J'auois peine à te perdre, & parlois au hazard,
Pour te perdre du moins quelques momens plus tard,

E

Et quand par ce retour il a ſçeu noûs ſurprendre,
Le Ciel m'a plus rendu que ie n'oſois attendre.

GRIMOALD.

Madame....

EDVIGE.

Tu perds temps, ie n'écoute plus rien,
Et j'attends ton Arreſt pour reſoudre le mien.
Agy, ſi tu le veux, en vainqueur magnanime,
Agy comme tyran, & prens cette victime,
Ie ſuiuray ton exemple, & ſur tes actions
Ie regleray ma haine, ou mes affections.
Il ſuffit à preſent que ie te deſabuſe
Pour payer ton amour, ou pour punir ta ruſe.
Adieu.

SCENE III.

GRIMOALD, GARIBALDE
VNVLPHE.

GRIMOALD.

Qve veut Vnulphe ?

VNVLPHE.

Il eſt de mon deuoir
De vous dire, Seigneur, que chacun le vient voir,
I'ay permis à fort peu de luy rendre viſite,
Mais tous l'ont recognu pour le vray Pertharite,
Le peuple meſme parle, & deſia ſourdement
On entend des diſcours ſemez confuſément....

GARIBALDE.

Voyez en quels perils vous jette l'impoſture,
Le peuple deſia parle, & ſourdement murmure,

Le feu va s'allumer si vous ne l'esteignez ;
Pour perdre vn imposteur qu'est-ce que vous crai-
    gnez ?
La haine d'Edüige ? elle qui ne prépare
A vos submissions qu'vne fierté barbare ?
Elle que vos mépris ayant mise en fureur
Rendent opiniastre à vous mettre en erreur ?
Elle qui n'a plus soif que de vostre ruïne ?
Elle dont la main seule en conduit la machine ?
De semblables malheurs se doiuent dédaigner,
Et la vertu timide est mal propre à regner.
Espousez Rodelinde , & malgré son fantôme
Asseurez-vous l'Estat, & calmez le Royaume,
Et liurant l'imposteur à ses mauuais destins,
Ostez dés aujourd'huy tout prétexte aux mutins.

GRIMOALD.

Oüy, ie te croiray, Duc, & dés demain sa teste
Abbatuë à mes pieds calmera la tempeste.
Qu'on le face venir, & qu'on mande auec luy
Celle qui de sa fourbe est le second appuy,
La Reyne qui s'en joüe, & qui par grandeur d'ame
Veut estre tout ensemble & n'estre pas sa femme.

GARIBALDE.

Ses pleurs vous toucheront.

GRIMOALD.

    Ie suis armé contr'eux.

GARIBALDE.

L'amour vous seduira.

GRIMOALD.

    Ie n'en crains plus les feux,
Ils ont peu de pouuoir quand l'ame est resoluë.

GARIBALDE.

Agissez donc, Seigneur, de puissance absoluë,
Soûtenez vostre sceptre auec l'authorité
Qu'imprime au front des Rois leur propre Majesté.
Vn Roy doit pouuoir tout , & ne sçait pas bien l'estre
Quand au fond de son cœur il souffre vn autre maistre.

SCENE IV.

GRIMOALD, PERTHARITE
RODELINDE, GARIBALDE,
VNVLPHE.

GRIMOALD.

VIen, fourbe, vien, méchant, éprouuer ma bonté
Et ne la reduis pas à la seuerité.
Ie te veux faire grace, aduouë, & me confesse
D'vn si hardy dessein qui t'a fourny l'adresse,
Qui des deux l'a formé, qui t'a le mieux instruit,
Tu m'entends, & sur tout fais cesser ce faux bruit,
Détrompe mes sujets, ta prison est ouuerte:
Sinon, prépare-toy dés demain à ta perte.
N'y force pas ton Prince, & sans plus t'obstiner
Merite le pardon qu'il cherche à te donner.

PERTHARITE.

Que tu perds lâchement de ruse & d'artifice
Pour trouuer à me perdre vne ombre de iustice !
Le bruit de tes vertus est ce qui m'a seduit,
Et ie ne cognois point icy d'autre faux bruit.
Par tout on te publie & iuste, & magnanime,
Et cet abus t'amene vne grande victime,
Mais il ne t'abandonne apres tout que son sang,
Tu ne luy peux oster ny son nom, ny son rang,
Ie mourray comme Roy né pour le Diadême,
Et bien-tost mes sujets détrompez par toy-mesme
Cognoistront par ma mort qu'ils n'adoroient en
      toy
Que de fausses couleurs qui te peignoient en Roy.

Hafte donc cette mort, elle t'eft neceffaire,
Car puifqu'enfin tu veux la verité fincere,
Mon cœur defabufé n'eft plus ce qu'il eftoit,
Il ne voit plus en toy ce qu'il y refpectoit.
Au lieu d'vn grãd Heros qu'il creut voir en ma place,
Il n'y voit qu'vn tyran plein de rage & d'audace,
Qui ne laiffe à ce cœur former d'autres fouhaits
Que d'en pouuoir bien-toft deliurer mes fujets.
Crains-moy fi ie t'échappe, & fois feur de ta perte,
Si par ton mauuais fort la prifon m'eft ouuerte,
Mon peuple aura des yeux pour cognoiftre fon Roy,
Et mettra difference entre vn tyran & moy.
Il n'a point de fureur que foudain ie n'excite.
Voila dedans tes fers l'efpoir de Pertharite,
Voila des veritez qu'il ne peut déguifer,
Et l'adueu qu'il te faut pour té defabufer.

RODELINDE.

Ie cognois mon époux à ces illuftres marques,
C'eft luy, c'eft le vray fang de nos premiers Monar-
    ques,
C'eft . . . .

GRIMOALD.

    C'eft à prefent luy, quand il eft mieux inftruit
A monftrer plus d'orgueil, & faire plus de bruit!
Dans l'inégalité qui fort de voftre bouche
Quel de vos fentimens voulez-vous qui me touche?
Ce n'eft pas luy, c'eft luy, c'eft ce que vous voudrez,
Mais ie n'en croiray pas ce que vous refoudrez,
Si par fon propre adueu la fourbe reconnuë
Ne détrompe à mes yeux la populace émeuë.
Penfez-y bien, Madame, & dans ce mefme lieu
Dites-luy, s'il n'aduoüe, vn eternel adieu.
Laiffons-les feuls, Vnulphe, & demeure à la porte,
Qu'aucun fans mon congé, n'entre icy, ny n'en forte.

SCENE V.

PERTHARITE, RODELINDE.

RODELINDE.

LE coup qui te menace est sensible pour moy,
　Mais n'attens point de pleurs puisque tu meurs
　　en Roy,
Mon amour genereux hait ces molles bassesses
Où d'vn sexe craintif descendent les foiblesses,
Dedans ce cœur de femme il a sçeu s'affermir.
Ie la suis pour t'aymer, & non pas pour gemir,
Et ma douleur pressée auecque violence
Se resoult toute entiere en ardeur de vangeance,
Et n'arreste mes yeux sur ton funeste sort
Que pour sauuer ta vie, ou pour vanger ta mort:
Ie feray l'vn ou l'autre, ou periray moy-mesme.

PERTHARITE.

Aymez plustost, Madame, vn vainqueur qui vous
　ayme.
Vous auez assez fait pour moy, pour vostre honneur
Il est temps de tourner du costé du bon-heur,
De ne plus embrasser des destins trop seueres,
Et de laisser finir mes iours & vos miseres.
Le Ciel qui vous destine à regner en ces lieux
M'accorde au moins le bien de mourir à vos yeux,
I'ayme à luy voir briser vne importune chaisne,
De qui les nœuds rompus vous font heureuse
　Reyne,
Et sous vostre destin ie veux bien succomber
Pour remettre en vos mains ce que i'en fis tomber.

RODELINDE.

Est-ce-là donc le prix de cette resistance
Que pour ton ombre seule a rendu ma constance ?
Quand ie t'ay creu sans vie, & qu'vn si grand vain-
    queur,
Sa conqueste à mes pieds, m'a demandé mon cœur,
Quand toute autre en ma place eust peut-estre fait
    gloire
De cet hommage entier de toute sa victoire....

PERTHARITE.

Ie sçay que vous auez dignement combatu ;
Le Ciel va couronner aussi vostre vertu,
Il va vous affranchir de cette inquietude
Que pouuoit de ma mort former l'incertitude,
Et vous mettre sans trouble en pleine liberté
De monter au plus haut de la felicité.
Ie le voy sans regret, & j'y cours sans murmure,
Vous m'auez la premiere accusé d'imposture,
Vostre amant vous en croit, & ce n'est qu'aprés
    vous
Qu'il prononce l'Arrest d'vn malheureux espoux.

RODELINDE.

Quoy, j'aurois pû t'aymer, j'aurois pû te cognoistre
Te voyant accepter mon tyran pour ton maistre ?
Qui peut ceder vn trône à son vsurpateur,
S'il se dit encor Roy, n'est qu'vn lâche imposteur,
Et j'en desauouërois mille fois ton visage
Si tu n'auois changé de cœur & de langage.
Mais puisqu'enfin le Ciel daigne t'inspirer mieux,
Que d'autres sentimens me donnent d'autres yeux..;

PERTHARITE.

Vous me recognoissez quand j'acheue de viure,
Et que de mes malheurs ce tyran vous deliure.

RODELINDE.

Ah, Seigneur !

PERTHARITE.

Ah, Madame, estoit-ce lâcheté
De luy ceder pour vous vn droit qui m'est resté ?

J'aurois plus fait encor, & vous voyant captiue
J'aurois mefme cedé la puiffance effectiue,
Et pour vous rachepter ie ferois defcendu
D'vn trône encor plus haut que celuy qui m'eft dû
Ne vous figurez plus qu'vn mary qui vous ayme,
Vous voyant dans les fers, foit maiftre de foy-mefme
Ce genereux vainqueur à vos pieds abbatu
Renonce bien pour vous à toute fa vertu.
D'vn Conquerant fi grand, & d'vn Heros fi rare
Vous en faites vous feule vn tyran, vn barbare;
Il l'eft, mais feulement pour vaincre vos refus,
Soyez à luy, Madame, il ne le fera plus,
Vous luy rendrez fa gloire, & vous verrez finie
Auecque vos mépris toute fa tyrannie.
Ainfi de voftre amour le fouuerain bonheur
Coufte au vaincu la vie, au conquerant l'honneur,
Mais ie tiens cette vie heureufement perduë,
Puifque....

  RODELINDE.
 N'acheue pas vn difcours qui me tuë,
Et ne me force pas à mourir de douleur
Auant qu'auoir pû rompre, ou vanger ton malheur.
Moy qui l'ay dédaigné dans fon char de victoire,
Couronné de vertus encor plus que de gloire,
Magnanime, vaillant, iufte, bon, genereux,
Pour m'attacher à l'ombre, au nom d'vn malheureux
Ie pourrois à ta veuë, aux dépens de ta vie,
Efpoufer d'vn tyran l'horreur & l'infamie,
Et trahir mon honneur, ma naiffance, mon rang,
Iufqu'à baifer la main fumante de ton fang?
Ah, tu me cognois mieux, cher efpoux, ou peut-eftre
Pour t'auoir mécognu tu me veux mécognoiftre.
Mais c'eft trop te vanger d'vn premier mouuement
Que ma gloire.....

SCENE VI.

PERTHARITE, RODELINDE, VNVLPHE.

VNVLPHE.

Madame, acheuez promptement,
Le Roy de plus en plus se rendant intraitable,
Mande vers luy ce Prince, ou faux, ou veritable.

PERTHARITE.

Adieu, puisqu'il le faut, & croyez qu'vn espoux
N'a que les sentimens qu'il doit auoir de vous;
Il voit tout vostre amour & tout vostre merite,
Et mourant sans regret, à regret il vous quitte.

RODELINDE.

Adieu, puisqu'on m'y force, & receuez ma foy
Que l'on me verra digne & de vous & de moy.

PERTHARITE.

Ne vous exposez point au mesme précipice.

RODELINDE.

Le Ciel hait les tyrans, & nous fera iustice.

PERTHARITE.

Helas, s'il estoit iuste, il vous auroit donné
Vn plus puissant Monarque, ou moins infortuné.

Fin du quatriéme Acte.

ACTE V.

SCENE PREMIERE

VNVLPHE, EDVIGE.

EDVIGE.

 VOY, Grimoald s'obstine à perdre ainsi
     mon frere,
D'imposteur & de fourbe il traite sa mi-
     sere,
Et feignant de me rendre & son cœur & sa foy,
Il n'a point d'yeux pour luy, ny d'oreilles pour moy?

VNVLPHE.

Madame, n'accusez que le Duc qui l'obsede,
Le mal, s'il en est creu, deuiendra sans remede,
Et si le Roy suiuoit ses conseils violents,
Vous n'en verriez desia que des effets sanglants.

EDVIGE.

Iadis pour Grimoald il quitta Pertharite,
Et s'il le laisse viure, il craint ce qu'il merite.

VNVLPHE.

Adjoustez qu'il vous ayme, & veut par tous moyens
R'attacher ce vainqueur à ses derniers liens,
Que Rodelinde à luy par amour, ou par force,
Asseure entre vous deux vn eternel diuorce;

Et s'il peut vne fois iusques-là l'irriter,
Par force ou par amour il croit vous emporter.
Mais vous n'auez, Madame, aucun sujet de crainte,
Ce Heros est à vous sans reserue & sans feinte,

EDVIGE.

S'il quitte sans feinte vn objet si chery,
Sans doute au fonds de l'ame il cognoist son mary.
Mais s'il le cognoissoit en dépit de ce traistre,
Qui pourroit l'empescher de le faire paroistre?

VNVLPHE.

Sur le trône conquis il craint quelque attentat,
Il ne le mécognoist que par raison d'Estat.
C'est vn aueuglement qu'il a creu necessaire :
Et comme Garibalde animoit sa colere,
De ses mauuais conseils sans cesse combatu
Il donnoit lieu de craindre enfin pour sa vertu ;
Mais, Madame, il n'est plus en estat de le croire,
Ie n'ay pû voir long-temps ce peril pour sa gloire,
Quelque fruit que le Duc espere en recueillir,
Ie viens d'oster au Roy les moyens de faillir,
Bertharite en vn mot n'est plus en sa puissance.
Mais ne présumez pas que j'aye eu l'imprudence
De laisser à sa fuite vn libre & plein pouuoir
De se monstrer au peuple, & d'oser l'émouuoir,
Pour fuyr en seureté ie luy preste main forte,
Ou plustost ie luy donne vne fidelle escorte,
Qui sous cette couleur de luy seruir d'appuy
Le met hors du Royaume, & me répond de luy.
I'empesche ainsi le Duc d'acheuer son ouurage,
Et i'en donne à mon Roy ma teste pour ostage;
Vostre bonté, Madame, en prendra quelque soin.

EDVIGE.

Ouy, ie seray pour toy criminelle au besoin,
Ie prendray, s'il le faut, sur moy toute la faute,
Dy-luy...

VNVLPHE.

Ie cognois mal vne vertu si haute,
Ou s'il reuient à soy, luy-mesme tout rauy
M'aduoüera le premier que ie l'ay bien seruy.

SCENE II.

GRIMOALD, EDVIGE VNVLPHE.

GRIMOALD.

QVe voulez-vous enfin, Madame, que j'espere?
Qu'ordonnez-vous de moy?
EDVIGE.
Que fais-tu de mon frere?
Qu'ordonnes-tu de luy ? prononce ton Arrest.
GRIMOALD.
Toûiours d'vn imposteur prendrez-vous l'interest?
EDVIGE.
Veux-tu fuiure toûiours le conseil tyrannique
D'vn traistre qui te liure à la haine publique ?
GRIMOALD.
Qu'en faueur de ce fourbe à tort vous m'accusez!
Ie vous offre sa grace, & vous la refusez!
EDVIGE.
Cette offre est vn suplice aux Princes qu'on opprime,
Il ne faut point de grace à qui se voit sans crime,
Et tes yeux malgré toy ne te font que trop voir
Que c'est à luy d'en faire & non d'en receuoir.
Ne t'obstine donc plus à t'aüeugler toy-mesme,
Sois tel que ie t'aymois si tu veux que ie t'ayme,
Sois tel que tn parus quand tu conquis Milan;
I'ayme encor son vainqueur, mais non pas son tyran,
Rends-toy cette vertu pleine, haute, sincere,
Qui t'affermit si bien au trône de mon frere,

Rends

rends-luy du moins son nom , si tu me rends ton
    cœur,
Qui peut feindre pour luy, peut feindre pour la sœur,
Et tu ne vois en moy qu'vne amante incredule :
Quand ie vois qu'auec luy ton ame dissimule ?
Quitte, quitte en vray Roy les vertus des tyrans,
Et ne me cache plus vn cœur que tu me rends.

GRIMOALD.

Disez-y donc vous-mesme, il est à vous, Madame,
Vous en voyez le trouble aussi-bien que la flame.
Sans plus me demander ce que vous cognoissez,
De grace croyez-en tout ce que vous pensez ,
C'est redoubler ensemble & mes maux & ma honte
Que de forcer ma bouche à vous en rendre conte.
Quand ie n'aurois point d'yeux , chacun en a pour
Garibalde luy seul a mécognu son Roy,   (moy,
Et par vn interest qu'aysément ie deuine,
Ce lâche tant qu'il peut par ma main l'assassine:
Mais que plustost le Ciel me foudroye à vos yeux,
Que ie songe à répandre vn sang si precieux.
Madame, cependant mettez-vous en ma place :
Si ie le recognoy, que faut-il que i'en face ?
Le tenir dans les fers auec le nom de Roy,
C'est souleuer pour luy ses peuples contre moy.
Le mettre en liberté, c'est le mettre à leur teste,
Et moy-mesme haster l'orage qui s'apreste.
De quels yeux puis-ie voir vn Prince de retour,
Qui me voit en son trône & veut viure en ma Cour?
Vn Roy , quoy que vaincu , garde son caractere,
Aux fidelles suiets sa veuë est toûiours chere,
Au moment qu'il paroist , les plus grands conquerans
Pour vertueux qu'ils soient, ne sont que des tyrans,
Et dans le fonds des cœurs sa presence fait naistre
Vn mouuement secret qui les rend à leur maistre,
Ainsi mon mauuais sort a dequoy me punir
Et de le deliurer & de le retenir,
Ie voy dans mes prisons sa personne enfermée
Plus à craindre pour moy qu'en teste d'vne armée.

Là mon bras animé de toute ma valeur
Chercheroit auec gloire à luy percer le cœur?
Mais icy, sans défence, helas, qu'en puis-ie faire?
Si ie pense regner, sa mort m'est necessaire,
Mais soudain ma vertu s'arme si bien pour luy,
Qu'en mille bataillons il auroit moins d'appuy.
Pour conseruer sa vie & m'asseurer l'Empire,
Ie fais ce que ie puis à le faire dédire,
Des plus cruels tyrans j'emprunte le couroux
Pour tirer cet adueu de la Reyne ou de vous :
Mais par tout ie perds temps, par tout mesme con-
      stance
Rend à tous mes efforts pareille resistance.
Encor s'il ne falloit qu'éteindre ou dédaigner
En des troubles si grands la douceur de regner,
Et que pour vous aymer & ne vous point déplaire,
Ce grand tiltre de Roy ne fust pas necessaire,
Ie me vaincrois moy-mesme, & luy rendant l'Estat
Ie mettrois ma vertu dans son plus haut éclat.
Mais ie vous perds, Madame, en quittant la Couronne
Puisqu'il vous faut vn Roy, c'est vous que j'abandonne
Et dans ce cœur à vous par vos yeux combatu
Tout mon amour s'oppose à toute ma vertu.

   Vous, pour qui ie m'aueugle auec tant de lumiere
Si vous estes sensible encor à mes prieres,
Daignez seruir de guide à mon aueuglement,
Et faites le destin d'vn frere & d'vn amant,
Mon amour de tous deux vous fait la souueraine,
Ordonnez-en vous-mesme, & prononcez en Reyne
Ie periray content, & tout me sera doux
Pourueu que vous croyiez que ie suis tout à vous.

EDVIGE.

Que tu me cognois mal, si tu cognois mon frere!
Tu crois donc qu'à ce point la Couronne m'est chere
Que j'ose mépriser vn Comte genereux
Pour m'attacher au sort d'vn tyran trop heureux?
Aymé-moy, si tu veux, mais croy-moy magnanime
Auec tout cet amour conserue vn peu d'estime,

Croy-moy quelque tendresse encor pour mon vray
    sang,
Qu'vne haute vertu me plaist mieux qu'vn haut rang,
Et que vers Gundebert ie croy ton serment quitte
Quand tu n'aurois qu'vn iour regné pour Pertharite.
Milan qui l'a veu fuyr, & t'a nommé son Roy,
De la haine d'vn mort a dégagé ma foy;
A present ie suis libre, & comme vraye amante
Ie secours malgré toy ta vertu chancelante,
Et dérobe mon frere à ta soif de regner
Auant que tout ton cœur s'en soit laissé gagner.
Ouy, i'ay brisé ses fers, i'ay corrompu ses gardes,
I'ay mis en seureté tout ce que tu hazardes,
Il fuit, & tu n'as plus à traiter d'imposteur
De tes troubles secrets le redoutable autheur ;
Il fuit, & tu n'as point à craindre de tempeste,
Secourant ta vertu j'asseure ta conqueste,
Et les soins que i'ay pris… mais la Reyne suruient.

SCENE III.

GRIMOALD, RODELINDE, EDVIGE, VNVLPHE.

GRIMOALD *à Rodelinde*.

QVe tardez-vous, Madame, & quel soin vous re-
    tient?
Quittez de vostre espoux le nom, l'image, ou l'ombre,
De ceux qui m'ont trahy croissez l'indigne nombre,
Et deliurez mes yeux trop aysez à charmer,
Du peril de vous voir & de vous trop aymer.
Fuyez, vostre captif ne vous tient plus captiue.

RODELINDE.

Rends-le moy donc, tyran, afin que ie le suiue.
A quelle indigne feinte ofes-tu recourir
De m'ouurir fa prifon quand tu l'as fait mourir!
Lâche, préfumes-tu qu'vn faux bruit de fa fuite
Cache de tes fureurs la barbare conduite ?
Crois-tu qu'on n'ait point d'yeux pour voir ce que
         fais,
Et iufques dans ton cœur découurir tes forfaits?

EDVIGE.

Madame, . . .

RODELINDE.

         Et bien, Madame, eftes-vous fa complice
Vous chargez-vous pour luy de toute l'injuftice,
Et la main qu'il vous rend vous plaift-elle à ce prix

EDVIGE.

Vous la vouliez tantoft teinte du fang d'vn fils,
Et ie puis l'accepter teinte du fang d'vn frere,
Si ie veux eftre fœur comme vous eftiez mere.

RODELINDE.

Ne me reprochez point vne iufte fureur
Où des feux d'vn tyran me reduifoit l'horreur,
Et puifque de fa foy vous eftes reffaifie,
Faites ceffer l'aigreur de voftre jaloufie.

EDVIGE.

Ne me reprochez point des fentimens jaloux
Quand ie hay les tyrans autant ou plus que vous.

RODELINDE.

Vous pouuez les haïr quand Grimoald vous ayme

EDVIGE.

I'ayme en luy fa vertu plus que fon Diadéme,
Et voyant quels motifs le font encor agir,
Ie ne voy rien en luy qui me face rougir.

RODELINDE à *Grimoald.*

Rougis-en donc toy feul, toy qui caches ton crime
Qui t'immolant vn Roy dérobes ta victime,
Et d'vn grand ennemy déguifant tout le fort,
Le fais fourbe en fa vie, & fuyr apres fa mort.

De tes fausses vertus les brillantes pratiques
N'esleuoient que pour toy ces tombeaux magnifiques,
C'estoient de vains éclats de generosité
Pour rehausser ta gloire auec impunité :
Tu n'accablois son nom de tant d'honneurs funebres,
Que pour enseuelir sa mort dans les tenebres,
Et luy tendre auec pompe vn piege illustre & beau
Pour le priuer vn iour des honneurs du tombeau.
Saoule-toy de son sang, mais rends-moy ce qui reste,
Attendant ma vengeauce, ou le couroux celeste,
Que ie puisse. . . .

GRIMOALD *à Eduige.*

Ah, Madame, où me redvisez-vous
Pour vn fourbe qu'elle ayme à nommer son espoux?
Vostre pitié ne sert qu'à me couurir de honte,
Si quand vous me l'ostez il m'en faut rendre conte,
Et si la cruauté de mon triste destin
De ce que vous sauuez mé nomme l'assassin.

VNVLPHE.

Seigneur, ie croy sçauoir la route qu'il a prise,
Et si sa Majesté veut que ie l'y conduise,
Au peril de ma teste en moins d'vne heure ou deux
Ie m'offre de la rendre à l'objet de ses vœux.
Allons, allons, Madame, & souffrez que ie tâche. . . .

RODELINDE *à Vnulphe.*

O d'vn lâche tyran ministre encor plus lâche,
Qui sous vn faux semblant d'vn peu d'humanité
Penses contre mes pleurs faire sa seureté !
Que ne dis-tu plustost que ses iustes alarmes
Aux yeux des bons Sujets veulent cacher mes larmes,
Qu'il luy faut me bannir, de crainte que mes cris
Du peuple & de la Cour n'émeuuent les esprits?
Traistre, si tu n'estois de son intelligence,
Pourroit-il refuser ta teste à sa vengeance?
Que deuient, Grimoald, que deuient ton couroux?
Ses ordres en sa garde auoient mis mon espoux,
Il a brisé ses fers, il sçait où va sa fuite,
Ie le veux rejoindre, il s'offre à ma conduite,

Et quand son sang deuroit te répondre du sien,
Il te voit, il te parle, & n'apprehende rien.
GRIMOALD *à Rodelinde.*
Quand ce qu'il fait pour vous hazarderoit ma vie,
Ie ne puis le punir de vous auoir seruie.
Si j'auois cependant quelque peur que vos cris
De la Cour & du peuple émeussent les esprits,
Sans vous prier de fuyr pour finir mes alarmes,
I'aurois trop de moyens de leur cacher vos larmes.
Mais vous estes, Madame, en pleine liberté,
Vous pouuez faire agir toute vostre fierté,
Potter dás tous les cœurs ce qui régne en vostre ame
Le vainqueur du mary ne peut craindre la femme.
Mais que voy-ie ?

SCENE IV.

GRIMOALD, PERTHARIT
RODELINDE, EDVIGE
VNVLPHE, SOLDATS
sõduisans Pertharite prisõnier.

SOLDAT *à Grimoald.*

SEigneur...
PERTHARITE *au Soldat.*
Ie suis encor ton R*
Traître, & ie te défends de parler deuant moy.
GRIMOALD.
O Ciel ! en quel estat ma fortune est reduite
S'il ne m'est pas permis de jouïr de sa fuite ?
SOLDAT.
Seigneur,...

PERTHARITE *au Soldat.*
Tay-toy, te dis-ie vne seconde fois.
à Grimoald.
Tu me reuois, tyran, qui mécognois les Rois,
Et i'ay payé pour toy d'vn si rare seruice
Celuy qui rend ma teste à ta fausse iustice,
Pleure, pleure ce bras qui t'a si bien seruy,
Pleure ce bon sujet que le mien t'a rauy,
Garibalde n'est plus, & i'ay veu cet infame
Aux pieds de son vray Roy vomir le sang & l'ame.

GRIMOALD.

Garibalde n'est plus ! Ah, iustice des Cieux!

PERTHARITE.

Si tu peux en douter, qu'on l'apporte à tes yeux,
Tu verras de quel coup i'ay tranché cette vie
Si brillante de gloire & si digne d'enuie.
Ie ne te diray point qui m'a facilité
Pour vn moment ou deux ce peu de liberté,
Si suffit que le Duc instruit par vn perfide
Que mon liberateur m'auoit donné pour guide,
M'attendoit à main forte, & me fermant le pas,
A luy seul, à luy seul; mais ne le blessons pas,
Dit-il, & reseruons tout son sang aux supplices.
Soudain enuironné de ses lâches complices,
Que cet ordre receu forçoit à m'épargner,
Iusqu'à baisser l'espée, & me trop dédaigner,
A trauers ces méchants ie m'ouure le passage,
Et portant iusqu'à luy l'effort de mon courage,
Ie luy plonge trois fois vn poignard dans le sein
Auant qu'on puisse voir ou rompre mon dessein.
Ses gens en vouloient prendre vne prompte vãgeance,
Mais luy-mesme en tombant leur en fait la défense,
Et son dernier soûpir est vn ordre nouueau
De garder tout mon sang à la main d'vn bourreau.
C'est à toy de vãger ce ministre fidelle,
C'est toy qu'à sa vangeance en mourant il appelle,
Signale ton amour, & parois aujourd'huy,
S'il fut digne de toy, plus digne encor de luy:

Mais cesse desormais de traiter d'imposture
Les traits que sur mon front imprime la nature.
Milan m'a veu passer, & par tout en passant
I'ay veu couler ses pleurs pour son Prince impuis-
      sant,
Tu luy déguiserois en vain ta tyrannie,
Pousses-en iusqu'au bout l'insolente manie,
Et quoy que ta fureur te prescriue pour moy
Ordonne de mes iours comme de ceux d'vn Roy.
          GRIMOALD.
Ouy, tu l'es en effet, & i'ay sçeu te cognoistre
Dés le premier moment que ie t'ay véu paroistre,
Si i'ay fermé les yeux, si i'ay voulu gauchir,
Des maximes d'Estat i'ay voulu t'affranchir,
Et ne voir pas ma gloire indignement trahie
Par la necessité de m'immoler ta vie.
De cet aueuglement les soins mysterieux
Empruntoient les dehors d'vn tyran furieux,
Et forçoient ma vetru d'en souffrir l'artifice,
Pour t'arracher ton nom par l'effroy du supplice:
Mais mon dessein n'estoit que de t'intimider,
Ou d'obliger quelqu'vn à te faire éuader.
Vnnlphe a bien compris en seruiteur fidelle
Ce que ma violence attendoit de son zele,
Mais vn traistre pressé par d'autres interests
A rompu tout l'effet de mes desirs secrets,
Ta main, graces au Ciel, nous en a fait iustice,
Cependant ton retour m'est vn nouueau supplice,
Car enfin que veux-tu que ie face de toy?
Puis-ie occuper ton trône, & te traiter en Roy?
Ton peuple qui t'aymoit pourra-t'il te cognoistre,
Et souffrir à tes yeux les loix d'vn autre maistre?
Toy-mesme pourras-tu sans entreprendre rien
Me voir iusqu'au trépas possesseur de ton bien?
Pourras-tu negliger l'occasion offerte,
Et refuser ton ordre & ta main à ma perte?
Ton rang, ton rang illustre auoit dû t'enseigner
Qu'vn Roy dans ses Estats doit perir ou regner,

Et qu'apres sa défaite y montrer son visage
C'est donner au vainqueur vn prôpt & iuste ombrage:
Si tu n'estois qu'vn lâche, on se pourroit flatter
Que tu pourrois y viure & ne rien attenter;
Mais qui me croit tyran & hautement me braue,
Quelque foible qu'il soit, n'a point le cœur d'esclaue,
Et monstre vne grande ame au dessus du malheur
Qui manque de fortune & non pas de valeur.
Ie voy donc malgré moy ma victoire asseruie
A te rendre le sceptre ou prendre encor ta vie,
Et plus l'ambition trouble ce grand effort,
Plus ceux de ma vertu me refusent ta mort.
Mais c'est trop retenir ma vertu prisonniere,
Ie luy dois comme à toy liberté toute entiere,
Et mon ambition a beau s'en indigner,
Cette vertu triomphe, & tu t'en vas regner.
Milan, reuoy ton Prince, & reprens ton vray maistre
Qu'en vain pour t'aueugler i'ay voulu mécognoistre,
Et vous que d'imposteur à regret i'ay traité …

PERTHARITE.

Ah, c'est porter trop loin la generosité,
Rendez-moy Rodelinde, & gardez ma couronne
Que pour sa liberté sans regret j'abandonne,
Auec ce cher objet tout destin m'est trop doux.

GRIMOALD.

Rodelinde & Milan, & mon cœur sont à vous,
Et ie vous remettrois toute la Lombardie
Si comme dans Milan ie regnois dans Pauie:
Mais vous n'ignorez pas, Seigneur, que le feu Roy
En fit Reine Edüige, & luy donnant ma foy
Ie promis …

EDVIGE à *Grimoald*.

Si ta foy t'oblige à la défendre,
Ton exemple m'oblige encor plus à la rendre,
Et ie meriterois vn nouueau changement
Si mon cœur n'égaloit celuy de mon amant.

PERTHARITE à *Edüige*.

Son exemple, ma sœur, en vain vous y conuie,

Auec ce grand Heros ie vous laiſſe Pauie,
Et me croirois moy-meſme aujourd'hny malheureux
Si ie voyois ſans ſçeptre vn bras ſi genereux.
       RODELINDE *à Grimoald.*
Pardonnez ſi ma hayne a trop creu l'apparence,
Ie preſumois beaucoup de voſtre violence,
Mais ie n'aurois oſé , Seigneur, en preſumer
Que vous m'euſſiez forcée enfin à vous aymer.
       GRIMOALD *à Redelinde.*
Vous m'auez outragé ſans me faire injuſtice.
       RODELINDE.
Qu'vne amitié ſi ferme aujourd'huy nous vniſſe,
Que l'vn & l'autre Eſtat en admire les nœuds
Et doute auec raiſon qui regne de vous deux.
       PERTHARITE.
Pour en faire admirer la chaiſne fortunée,
Allons mettre en éclat cette grande iournée,
Et monſtrer à ce peuple heureuſement ſurpris,
Que des hautes vertus la gloire eſt le ſeul prix,

FIN.

Extrait du Priuilege du Roy.

PAr Grace & Priuilege du Roy, donné à Paris le 24. Decembre 1651. Signé, Par le Roy en son Conseil, MARTIN, Il est permis au Sieur Corneille Aduocat en nostre Cour de Parlement de Roüen, de faire imprimer par tel Imprimeur qu'il voudra choisir, trois Pieces de Theatre, intitulées, *Pertharite Roy des Lombards*, *D. Bertran de Cigarral*, & *l'Amour à la mode*, pendant le temps & espace de neuf ans, à compter du iour qu'elles seront acheuées d'imprimer : Defendans tres-expressément à toutes personnes de quelque qualité & condition qu'elles puissent estre, d'imprimer ou contrefaire lesdites trois Pieces de Theatre, à peine aux contreuenans de deux mil liures d'amende, dépens, dommages & interests, & confiscation des exemplaires qui se trouueront d'autre impression que de celle qu'il aura fait faire, ainsi qu'il est plus au long porté par lesdites Lettres.

Acheué d'imprimer le 30. Auril 1653.

ET ledit sieur Corneille a cedé & transporté le priuilege cy-dessus, à Guillaume de Luynes Marchād libraire à Paris, suiuant l'accord fait entr'eux.